초남이 동정부부

초남이 동정부부

2011년 3월 15일 교회 인가
2012년 8월 22일 초판 1쇄 펴냄
2019년 1월 7일 개정 초판 1쇄 펴냄

지은이 · 김성봉
펴낸이 · 염수정
펴낸곳 · 가톨릭출판사
편집 겸 인쇄인 · 김대영
편　집 · 전혜선, 김소정
디자인 · 김지혜, 정해인

본사 · 서울특별시 중구 중림로 27
지사 · 경기도 고양시 일산동구 노첨길 65
등록 · 1958. 1. 16. 제2-314호
전자우편 · edit@catholicbook.kr
전화 · 1544-1886(대) / (02)6365-1888(영업국)
지로번호 · 3000997

ISBN 978-89-321-1544-3 03230

값 12,000원

ⓒ 김성봉, 2012

가톨릭출판사 인터넷 서점 http://www.catholicbook.kr
직영 매장: 명동대성당 (02)776-3601, (070)8865-1886/ FAX (02)776-3602
　　　　　가톨릭회관 (02)777-2521, (070)8810-1886/ FAX (02)6499-1906
　　　　　서초동성당 (02)313-1886/ FAX (02)585-5883
　　　　　서울성모병원 (02)534-1886/ FAX (02)392-9252
　　　　　절두산순교성지 (02)3141-1886/ FAX (02)335-0213
　　　　　미주지사 (323)734-3383/ FAX (323)734-3380

가톨릭의 모든 도서와 성물을 '가톨릭출판사 인터넷 서점'에서 만나 보실 수 있습니다.

이 도서의 국립중앙도서관 출판예정도서목록(CIP)은 서지정보유통지원시스템 홈페이지(http://seoji.nl.go.kr)와
국가자료공동목록시스템(http://www.nl.go.kr/kolisnet)에서 이용하실 수 있습니다(CIP 제어번호: CIP2012003362).

성경 ⓒ 한국천주교중앙협의회 2005

이 책은 저작권법에 의해 보호를 받는 저작물이므로 무단 전재와 무단 복제를 금합니다.

초남이 동정부부

김성봉 지음

가톨릭출판사

추천의 말

'초남이 동정부부' 책을 반기며

김선태 주교

일전에 초남이 동정부부 '유중철 요한과 이순이 루갈다'의 이야기를 들을 때마다 이분들의 삶과 신앙을 좀 더 체계적으로 다룬 글이 아쉬웠습니다. 물론 이분들을 연구한 글들이 이미 있었지만, 제가 이분들에게서 체감했던 깊은 영성에는 미치지 못했습니다. 저는 이분들에 대해 다블뤼 주교님이 극찬하셨던 "조선의 모든 순교자 중에서 우뚝 솟아난 하나의 아름다운 진주"를 더욱 깊이 음미하고 싶었던 것입니다.

그러던 차에 김성봉 신부님께서 이 책을 펴내셨습니다. 이로 말미암아 저의 아쉬움이 크게 채워졌습니다. 신부님께서는 이미 출간된 역사적인 자료를 바탕으로 이분들이 놀라운 성덕에 다다랐던 배경과 그 주요 영성을 밝히는 데 주력하고 계십니다.

먼저 이 책에서 우리는 동정부부라는 특이한 형태의 삶이 하느님의 사랑에서 직접 기인하고 있음을 확인할 수 있습니다. 유중철 복자와 이순이 복녀가 함께 동정을 지키며 부부로 살았던 이유는 부부 관계와 자녀 출산을 기피하기 위해서가 아니라 더 큰 사랑을 위해서, 하느님과 이웃에게 자신들을 온전히 내어드리기 위해서였기 때문입니다. 그리고 이런 삶 자체는 혼자만의 열의나 결심으로는 불가능하고, 서로가 서로를 끊임없이 배려하고 아끼는 가운데에서 무엇보다 하느님의 은총으로 가능하기 때문입니다.

아울러 우리는 동정부부의 삶이 어느 날 갑자기 시작된 것이 아니라 가정의 깊은 믿음살이에서 연유한다는 것도 알 수 있습니다. 이분들의 가정 구성원은 서로 사랑으로 일치하는 삶을 살았습니다. 또한 그 사랑은 가정 안에서 그치지 않고 가난한 사람들과 하느님을 모르는 사람들에게까지 퍼져 나갔습니다. 이런 깊은 믿음살이의 결실로 동정부부의 삶이 나타난 것입니다.

초남이 동정부부의 가정의 믿음살이가 어떠했는지는, 오랫동안 역사에 묻혀 있다가 2014년부터 세상에 조금씩 드러난 순교 복자 유항검 아우구스티노의 딸 유섬이의 삶에서 더욱 분명하게 짐작할 수 있습니다. 유섬이는 아홉 살의 어린 나이에 거제도로 유배가게 되었는데, 거기에서 71세의 나이로 죽기까지 신앙과 정결을 지키며 고귀하게 살았습니다. 그분은 어린 나이에 초남이 가정에서 믿음살이를 철저하게 배우고 익혔던 것입니다.

동정부부의 삶과 신앙을 더욱 깊게 들여다보고 마음에 새길 수 있도록 이 책을 펴내신 김성봉 신부님의 노고에 격려와 감사를 드립니다. 그리고 이 책을 통해 독자들이 어떻게 하느님을 섬기고, 어떻게 부모와 배우자와 가족을 사랑해야 하는지, 어떻게 어려운 이웃들을 품어야 하는지를 배워 더욱 풍요로운 삶을 살기를 빕니다.

천주교 전주교구장 주교 김선태 사도 요한

+ 김선태

머리말

동정부부의 영성을 전하며

　200여 년 전, 전라도 대부호집의 장남과 서울 출신 양반 가문의 둘째 딸이 혼인을 해 전주 초남이 마을에서 4년 남짓 함께 살았다. 두 사람은 하느님의 사랑에 아낌없이 응답하기 위해 수도자와 같은 삶을 살고자 했지만, 세상이 이를 허락하지 않았던 탓에 중국 출신 주문모 신부의 중재로 함께 동정의 삶을 살게 되었다. 스무 살 안팎의 한창 나이였던 이들은 집안 어른들을 정성껏 모셨을 뿐만 아니라 모든 이들을 사랑으로 대했다. 사람들 가운데서 덕스럽게 살던 이들은 당시 금지된 천주교를 믿는다는 이유로 가족들과 함께 붙잡혔으며 결국에는 전주옥과 숲정이에서 각각 순교했다. 그리고 우여곡절 끝에 100여 년 전부터 전주 치명자산에 모셔졌다. 그들의 이야기는 세월의 흐름 속에서 한 번도 잊힌 적 없이 끊임없이 기억되었으며, 2000년부터 그들을 기리는 축제가 전주에서 거행되고 있다. 그들이 바로 2014년 시복된 복자 유중철(柳重哲, 1779~1801년) 요한과 복녀 이순이(李順伊, 1782~1802년) 루갈다이다.

그동안 루갈다 남매의 편지들이 몇 차례 현대어로 옮겨져 출판되었고, 동정부부에 대한 연구가 활발하게 이루어져 이들에 관한 논문과 소설까지 나와 있다. 게다가 최근에는 동정부부에 관한 드라마가 가톨릭평화방송에서 제작되어 전국에 방영되기도 했다. 아직 제대로 알려지지 않았다는 생각이 들기도 하지만, 오늘도 수많은 순례객들이 동정부부가 살았고 순교했고 묻힌 성지들을 찾아간다. 그들의 흔적이 있는 곳에 가면 자신도 모르게 마음이 하느님을 향하게 되고 세상을 살아갈 힘을 다시 얻을 수 있기 때문일 것이다.

개인적으로는 이순이 루갈다가 순교한 숲정이 성지 위에 필자가 다니던 고등학교가 있어서, 매일 그곳을 거닐면서 젊은 부부가 왜 동정의 삶을 살다가 순교까지 했는지 마음 한편에 의문을 품곤 했다. 예비 신학생 시절에는 사제성소의 길을 함께 꿈꾸던 본당 후배와 이따금 치명자산에 오르며 도움을 청하던 기억이 난다. 그들이 살았던 초남이가 출신 본당 구역이라, 신학교 방학 때면 그들이 죽음을 향해 끌려갔던 그 길을 도보 순례하면서 정결한 삶을 살 수 있는 은총을 구하기도 했다.

동정부부라는 특이한 삶의 방식 때문인지 이들과 관련해서 주로 동정과 정결만을 떠올렸는데, 이병호 빈첸시오 주교님의 권유로 동정부부에 관한 글을 쓰기 시작하면서 필자가 미처 알아보지 못했던 그들의 진짜 얼굴들을 시나브로 발견할 수 있었다. 루갈다의 편지글과 더불어 다른 순교자들의 생애도 들춰 보면서, 그들의 위대함은 결코 동정과 정결함과 순교 정신에 그치는 것이 아니라, 나아가 그들의 일상생활, 관계 맺기, 덕스러움에 있음을 알게 되었다. 동정부부의 일상 속에 고스란히 스며든 깊은 신앙과 순박한 정신을 알아 갈수록, 그들이 함께 살아온 정결한 삶, 부부 생활, 가정생활, 이웃과의 관계들이 모두 커다란 매력으로 다가오기 시작했다.

동정부부에 관한 책이나 논문들은 이미 출간되었고, 이들의 생애 역시 어느 정도 알려져 있기에, 이 책에서는 역사적인 자료들을 통해 이들이 그러한 성덕에 이를 수 있었던 배경과 이들 삶의 주요 영성을 알아보고자 했다.

필자는 현 교구장이신 김선태 사도 요한 주교님의 파견으로 2018년 여름부터 이곳 초남이에 와 살고 있다. 하느님의 놀라우신 섭리에 감사하며 이제는 동정부부의 영성을 순례객들과 함께 나누는 즐거움을 누리고 있다. 시복 이전에 쓰였던 책이라 용어의 변경이 불가피한 상황이 생겨서 개정을 계기로 이를 새 책에 적용하였다.

마지막으로, 동정부부의 성지에서 이들의 영성을 전하며 사셨던 두 분의 교구 신부님들, 동정부부가 함께 살았던 초남이 성지의 김환철 신부님과 이들의 무덤이 자리 잡은 치명자산 성지의 고故 김봉희 신부님께 이 자리를 빌려 감사의 마음을 전하고 싶다. 6년 전 작고하신 김봉희 신부님은 이 책이 있기까지 많은 도움을 주셨고 관심을 아끼지 않으셨다. 그리고 이들에 관해 지속적인 연구와 성찰로 소중한 자료들을 남겨 주신 전주교구 호남교회사연구소의 김진소 신부님과 이제 그 역할을 이어 가고 있는 전주교구 이영춘 신부님과 하태진 신부님께도 같은 감사를 표하고 싶다.

차례

추천의 말 I '초남이 동정부부' 책을 반기며 · 5
머리말 I 동정부부의 영성을 전하며 · 8

I. 다블뤼 주교와 달레 신부의 찬사 · 19

II. 동정부부의 성장 배경 · 31
가정은 신앙의 배움터이며 사람됨의 요람

1. 복자 유중철 요한의 가정 · 36
삶으로 그리스도를 전하다

1) 첫 순교자 윤지충과 권상연 · 37
2) 삶으로 그리스도를 전한 복자 유항검 아우구스티노 · 44
3) 유중철의 어머니와 가족 · 52
4) 유중철의 봉헌의 삶 – 부모의 지지와 도움 · 56

2. 복녀 이순이 루갈다의 가정 · 60

1) 이순이의 부모 세대 – 한국 천주교회의 요람 · 60
아버지 이윤하 마태오 · 60
어머니 권씨 부인 · 64
큰외숙부 권철신 · 68
작은외숙부 권일신 · 70

2) 이순이의 세대 – 순교와 증언 · 73
오빠 이경도 가롤로 · 74
동생 이경언 바오로 · 78
외종사촌 권천례 데레사 · 85

3. 가톨릭 서적의 영향 · 88

1) 가톨릭 서적을 통한 신앙 전파 · 89
2) 조선 정부의 가톨릭 서적 색출 작업 · 91
3) 《천주실의》와 《칠극》 · 94
4) 《칠극》과 동정부부 · 96

III. 동정부부의 영성 · 107

1. 전부이신 하느님께 전부를 | 동정부부와 하느님 · 110

1) 하느님의 뜻에 자신을 내어 맡김 · 110
2) 일상에서 하느님의 뜻과 은총을 알아차리기 · 116
3) 하느님의 뜻에 응답하는 자세 · 122
의탁 · 123

간절한 기도 · 124
　　　매사에 감사하는 삶 · 129

　　4) 하느님 뜻에 응답하는 힘의 원천 · 134
　　　질서 있는 사랑 · 134
　　　성체에 대한 지극한 사랑 · 138

2. 정결한 자만이 사랑할 수 있나니 | 동정부부와 정결 · 151

　　1) 두 쌍의 동정부부 · 151
　　2) 하느님을 온전히 섬김 · 155
　　3) 하늘나라를 위한 동정 · 159
　　4) 함께 가는 혼인과 정결 · 162
　　　그리스도의 배우자적인 사랑 · 162
　　　갈라지지 않은 한마음으로 – 바오로 사도 안에서 · 165

3. 부부이자 오누이 | 동정부부와 혼인 · 168

　　1) 조선 후기 사회의 부부관 · 168
　　2) 당시 교회의 부부관 · 171
　　3) 동정부부의 부부관 · 172
　　　함께 지켜 주고 함께 걸어가는 부부 · 172
　　　성숙한 친밀함과 연대감 · 174
　　　이순이가 유중철을 부르는 호칭에서 나타난 부부 살이 · 176
　　　혼인과 부부애의 중요성을 알림 · 181
　　　모든 부부들의 귀감 · 183

4. 초남이의 성가정 | 동정부부와 가정 · 186

　　　사랑과 배려 · 186

1) 이순이의 친정 · 189
　　　　옥중 서간의 집필 동기 · 189
　　　　사랑 어린 위로와 격려 · 191
　　　　덕을 닦으십시오 · 198

　　2) 이순이의 시댁 – 유중철의 가정 · 201
　　　　시부모의 마음을 편하게 해 드림 · 201
　　　　시댁 식구와의 정신적 유대감 · 203
　　　　깊은 사랑과 배려 · 206

5. 날로 커 가는 사랑 | 동정부부와 이웃 · 210

　　1) 모든 사람들과의 연대감 · 210
　　2) 가진 것을 나누어 가난한 이를 도움 · 213
　　3) 《칠극》의 영향 · 216

6. 일상에서 주님을 | 동정부부와 덕행 · 221

　　1) 덕스러움 · 221
　　2) 십자가 · 225
　　3) 유중철의 숨겨진 삶 · 229

맺음말 | 하느님의 사랑에 대한 온전한 응답 · 232

I. 다블뤼 주교와 달레 신부의 찬사

I. 다블뤼 주교와 달레 신부의 찬사

　조선 천주교회 초기에 조선에 들어와 활동한 수많은 선교사들 중에 프랑스 파리 외방 전교회 소속 성 다블뤼(1818~1866년) 주교의 역할은 여러 가지 면에서 중요한 의미를 지닌다. 중국에서 김대건 안드레아 성인의 사제품과 첫 미사에 참석한 후, 그와 함께 조선에 입국한 다블뤼 신부는 천주교 박해 시대를 살았던 선교사들 가운데 가장 오랜 기간인 약 21년 동안 사제와 주교로서 봉사했고 순교로 목숨을 바쳤다. 역경 가운데 쉬지 않고 사목했던 것 외에도 다블뤼 신부는 제4대 조선교구장 성 베르뇌(1814~1866년) 주교로부터 한국 천주교회의 순교 사료를 수집하라는 위임을 받아 순교자들의 기록을 수집하고 탐

성 안토니오 다블뤼 신부.

구해 우리에게 귀중한 자료를 남겨 주었다.

다블뤼 신부는 직접 순교자들에 관한 자료를 수집하고 연구했기에, 당시 수많은 순교자들에 대해 가장 많은 것을 아는 사람이었다. 그는 동정부부[1]의 순교 이후에 태어난 사람이어서 그들을 직접 본 적이 없는데도, 유독 요한과 루갈다를 모든 순교자들 가운데 보석이나 진주와 다름없다고 장담했을 뿐만 아니라, 여러 곳에서 남다른 찬사를 아끼지 않았다.

그것은 그가 이순이 루갈다의 편지를 처음으로 프랑스어로 번역해 소개했으므로 동정부부의 삶을 누구보다 깊이 있게 이해했고, 또 본인 역시 크게 감동했기에 그들의 신앙이 다른 모든 이들에게 귀감이 되기를 바라기 때문이었다. 다블뤼 신부는 교우들이 루갈다의 편지글을 읽고 그녀의 삶을 마음속에 간직해 도움을 받기를 원했기에, 가능한 모든 교우들이 그녀

---

[1]. 이 책에서는 동정부부를 전문 용어로 보고 붙여쓰기로 했다. – 편집자 주

의 글을 읽도록 강하게 권했다.[2]

동정부부에 대한 남다른 존경과 찬사는 여러 곳에서 찾아볼 수 있지만, 특히 다블뤼 신부가 가장 훌륭한 순교자들의 생애를 뽑아 정리해서 쓴 《조선 주요 순교자 약전》에서 명확하게 확인할 수 있다.

> 우리는 조선 순교자들의 보석인 이 소중한 자녀의 생애를 황금색 글자들로 묘사할 수 있기를 바라지만, 우리에게는 자료와 시간이 부족하기에 '신앙심을 불러일으키는' 편지들이 이를 보충해 줄 수 있을 것으로 생각한다.[3]
>
> 그녀는 천부적으로 열정적이고 확고한 심성을 받았으며, 게다가 그녀의 신분에 걸맞게 받은 교육이 수월하게 개발시킬 수 있었을 모든 아름다운 자질들을 영육간에 갖추었다.[4]

---

2. 다블뤼, 《조선 주요 순교자 약전》, 129~136쪽 참조; 한국천주교 주교회의 시복시성주교특별위원회, 《하느님의 종' 윤지충 바오로와 동료 123위 – 시복 자료집》 제3집, 한국천주교중앙위원회, 2009, 318~319쪽. "인용된 것이 모든 자녀들의 마음속에 각인된다면 좋으련만. …… 그녀의 삶과 그녀의 서한들은 그녀가 가르친 교우들에게 커다란 존경심을 심어 주었고, 아직도 그 귀중한 글로써 매일 권면하고 있다."
3. 다블뤼, 위의 책, 129~136쪽; 한국천주교 주교회의 시복시성주교특별위원회, 위의 책, 298~299쪽.
4. 다블뤼, 앞의 책, 167쪽; 한국천주교 주교회의 시복시성주교특별위원회, 앞의 책, 364~365쪽.

성 안토니오 다블뤼 신부, 탁희성 비오 작.

그는 여기서 그치지 않고 프랑스에 있는 외방 전교회 신학교와 자신의 가족에게 순교자들에 대한 자료를 전했다. 그러면서 자신이 거둔 풍요로운 수확 가운데 가장 아름다운 꽃 두 송이에 대해 알려 주었는데, 그 첫 꽃송이는 바로 이순이 루갈다에 관한 이야기라고 자신 있게 말할 정도였다.[5]

1801년의 박해는 많은 영웅적인 희생자들을 죽음으로 몰아넣었다. 우리는 이들 중 단지 이 루갈다의 이름만 언급하겠다.

---

5. 샤를 살몽 저, 정현명 역, 《성 다블뤼 주교의 생애》, 대전가톨릭대학교 출판부, 2006, 317쪽 참조.

이 루갈다는 18, 19세의 처녀로서 '모든 조선 순교자들 중의 진주'인데,[6] 후에 다블뤼 주교가 누이들에게 보낸 그녀에 대한 아름답고도 감동스러운 순교 이야기를 보기로 하겠다.[7]

조선 땅을 밟은 적은 없지만 다블뤼 신부의 기록을 바탕으로 1874년 프랑스 파리에서 《한국천주교회사》를 출판한 달레(1829~1878년) 신부 역시 자신의 책에 이순이 루갈다 남매들에 관해 상당한 부분을 할애했다. 이 책에서 달레 신부는 이들의 성품과 덕행을 극찬했으며,[8] 그들 가운데에서도 이순이 루갈다의 덕스러운 삶을 강조하여 교우들에게 알리고 싶어 했다. 그 가운데 몇 부분을 함께 읽어 보자.

이 많은 가족이 열성과 천주교에 대한 애착으로 모든 가정 중에 뛰어났다. 그러나 특히 유중철 요한의 아내 이 루갈다를 지적해야 하겠다. 우리는, 가장 귀한 순교자들 중의 하나이며, 이 역

---

6. 진주는 6월의 탄생석으로 겸손, 정결, 순결의 상징으로 인식되어 있으며, 무엇보다 행복한 혼인 생활의 상징이다. 진주가 보통 백합처럼 순결이나 순결한 사람을 가리키는 데 사용되기에 성인들 가운데 이런 이름으로 불린 분들이 있으며 특히 동방 출신일 경우에는 동방의 진주라 칭하기도 했다.
7. 샤블 살몽, 《성 나블뮈 주교의 생에》, 220쪽.
8. 달레 저, 안응렬 · 최석우 역, 《한국천주교회사》, 분도출판사, 1979: 이순이(上 527~555쪽), 이경도(上 601~604쪽), 이경언(中 140~163쪽)

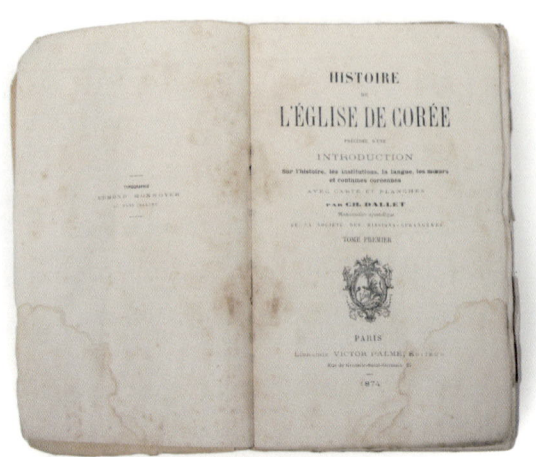

달레 저, 《한국천주교회사》 불어판 표지, 절두산 순교 성지 소장.

사의 가장 감동적인 인물들 중의 하나인 이 젊은 부인에……[9]

이런 글을 쓰는 처녀가 매우 한정된 종교 교육밖에 받지 못했고 성사도 두세 번밖에 받지 못했다는 것을 생각하면, 그 아름다운 영혼에 대한 성령의 직접적인 작용을 그만큼 더 감탄하게 된다.[10]

그녀는 강직한 성격, 열정적인 마음과 총명한 지혜도 가지고 있었다. 한마디로 그녀는 육체와 정신의 모든 자질을 타고났으며, 그녀에게 알맞은 수준 높은 가정 교육으로 인해 그 자질은

---

9. 달레, 앞의 책, 533쪽.
10. 달레, 앞의 책, 541쪽.

쉽게 발전할 수가 있었다.[11]

　루갈다는 결혼 전이나 결혼 후나 천주교의 덕행을 닦는 데 전심했으며 겸손하고 자비로우며, 모든 본분을 충실히 지켜 나갔다. 감탄할 만큼 온순하고 친절하여 루갈다는 그 많은 식구 어느 누구와도 조그마한 불화도 결코 없었으며, 착한 모범으로 자기 집안뿐 아니라 온 이웃에 향기를 풍겼다.[12]

　기록을 남긴 두 사람 모두 동정부부를 만난 적이 없다. 심지어 달레 신부는 한국 땅을 밟은 적도 없지만, 교우들이 이순이 남매가 남긴 옥중 서간을 베끼면서까지 대대로 전해 읽으면서 커다란 감화를 받았다는 사실을 잘 알았다.

　또한 자신들 역시 편지를 읽으면 읽을수록 아름답게 느껴져서 더욱 애착을 갖게 되었고, 편지에 담긴 솔직한 감성들이 그녀의 믿음과 생생한 사랑의 진가를 입증한다고 고백했다.[13] 그리고 동정부부의 삶을 들여다보면서 이들이야말로 성령의 이끄심에 자신을 온전히 내어 맡긴 덕스러운 사람들이라는 것을

---

11. 달레, 앞의 책, 534쪽.
12. 달레, 앞의 책, 535·536쪽.
13. 다블뤼, 《조선 주요 순교자 약전》, 197쪽; 한국천주교 주교회의 시복시성주교특별위원회, 《'하느님의 종' 윤지충 바오로와 동료 123위 – 시복 자료집》 제3집, 322~323쪽.

깨달았기에 이들에 대한 깊은 존경과 애정을 아끼지 않았다.

　모든 순교자들과 증거자들이 이러한 찬사의 대상이지만 유독 전주 초남이의 동정부부에 대해 두 사람 모두 극찬을 아끼지 않은 것은 단순히 과거에 대한 회상이 아니라, 앞으로 살아가는 모든 그리스도인들이 이들의 삶으로부터 많은 가르침을 얻기를 바라는 마음이 간절했기 때문이다.

　먼저 동정부부의 성장 배경을 살펴보면, 과연 이들의 어떠한 면들이 200년이 지난 지금 우리에게도 많은 가르침을 주고 있는지 더 잘 알 수 있을 것이다.

한국 천주교회의 첫 순교자인 복자 윤지충 바오로와 복자 권상연 야고보, 호남의 첫 사도인 목자 유항검 아우구스티노 등의 순교터 위에 세워진 전동 성당, 1914년 준공.

II. 동정부부의 성장 배경

가정은 신앙의 배움터이며 사람됨의 요람

복자 유중철 요한의 가정
복녀 이순이 루갈다의 가정
가톨릭 서적의 영향

Ⅱ. 동정부부의 성장 배경

가정은 신앙의 배움터이며 사람됨의 요람

    한 사람을 제대로 이해하기 위해서는 그 사람이 살아온 배경을 알아야 한다. 하느님의 은총은 사람의 인생을 변화시키기에 충분하지만 이것 역시 그 사람의 바탕과 응답 위에서 이루어지기 때문이다. 특히 가정과 학교와 사회에서 터득하고 배운 것을 통해 가치관이 형성되고 이에 따라 삶을 영위하게 되는데, 그중에서도 가정의 역할이 가장 지대하다.
    한 사람이 가정에서 어린 시절부터 부모에게 받아 온 교육과 조건 없는 사랑은 어찌 보면 한평생 그의 삶을 결정짓는다고 할 수 있다. 그러니 동정부부의 사람됨과 영성을 제대로 이해하기 위해서는 그들이 성장한 삶의 배경을 먼저 알아야 할 것이다.

이런 면에서 볼 때, 그들이 4년간 함께 사는 동안 깊은 신앙과 정신이 형성되었다고 하기보다는, 함께 살기 이전에 그들이 성장한 환경 속에서 신앙적이고 인성적인 양성을 받았기에 그처럼 성숙하고 거룩한 삶을 살 수 있었다고 볼 수 있다.

유 요한과 이 루갈다의 부모가 가정에서 자녀들에게 깊은 신앙을 전해 주고 사람됨의 교육을 철저히 시켰던 것은 그들 가정만의 특징이 아니라 당시 천주교 신자 가정들에서 어느 정도 공유된 것이었다. 동정부부가 살던 시대는, 삼강오륜三綱五倫[14]의 내용이 말해 주듯이 부모와 자식의 관계가 대체로 수직적이었고 효孝가 절대적인 가치를 지녀 부모에 대한 자식의 도리가 훨씬 더 강조되었다. 반면에 초기 한국 천주교 사회에서는 효의 중요성을 강조하는 데 그치지 않고 그리스도교의 가르침에 따라 자식에 대한 부모의 도리와 의무 역시 강조했다.

이는 성경 말씀에 따른 가치관이라 할 수 있는데, 에페소 신자들에게 보낸 서간의 내용(에페 5,21-6,4 참조)을 보면, 아내가

---

14. 유교의 도덕에서 기본이 되는 세 가지의 강령과 지켜야 할 다섯 가지의 도리.

남편에게 할 도리나 자식이 부모에게 할 도리만 강조하는 것이 아니라, 동시에 남편이 아내를 제 몸같이 사랑해야 하고, 부모는 주님의 정신으로 자녀를 교육하고 가르쳐야 한다고 강조한다.

이런 정신은 동정부부가 살던 당시 주일 복음 해설서인 《성경직해광익》에서도 찾아볼 수 있다. 그 책에는 부모가 자식 낳기만 힘쓰고 자식 가르치기를 힘쓰지 않거나, 자식의 육신을 기르는 데만 급급하고 마음 기르기는 게을리해서는 안 된다고 가르친다. 비록 동정부부 순교 이후에 한글로 소개되었지만, 일곱 성사 교리서인 《성교절요聖敎切要》의[15] 혼인성사 편에서도 자식을 낳으려고 애쓰면서도 선으로써 가르치기를 힘쓰지 않고, 자식의 몸을 기르는 데에만 급급해 그 영혼을 기르는 데 게을러서는 안 된다고 가르친다.[16]

루갈다의 동생 이경언 바오로가 가족에게 쓴 편지에서도

---

15. 초기 교회 때 신자들은 한문본漢文本 《성교절요聖敎切要》를 보았는데, 이 책이 일찍부터 한글로 번역된 것은 사실이지만 번역된 정확한 연도를 알 수 없다. 1864년 간행된 《성교절요》는 한문본 《성교절요》에서 일곱 성사에 관한 부분민 발췌히어 번역하였다.
16. 한국교회사연구자료 제15집(한국교회사연구소 편집부 편), 《쥬교요지·성교절요》, 한국교회사연구소, 1985, 735~736쪽 참조.

같은 생각이 표현되어 있다. "내 아들딸들아, 내가 주의 은혜로 너희들의 아버지가 되었다마는"[17]이라는 말처럼, 당시의 그리스도인들은 자녀를 자기 마음대로 할 수 있는 아랫사람으로 보지 않았고, 하느님의 뜻으로 부모와 자식의 연을 맺었다고 보았기에 자식에 대한 영적 교육에 많은 정성을 기울였다.

이를 잘 대변해 주는 기록이 있는데, 19세기 중엽 다블뤼 신부가 저술한 일종의 고해성사를 위한 양심 성찰서이자 한글 교리서인 《셩찰긔략省察記略》[18]이다. 이 책을 보면, 부모와 자식 간의 관계에서 자식에 대한 부모의 의무를 매우 자세하게 설명한다. 무엇보다 부모는 자식을 올바로 가르치되, 육신 사정뿐만 아니라 영신靈身에 대한 사정도 돌봐 주어야 하고, 인성

17. 김진소 저, 양희찬·변주승 역, 〈이경언 바오로가 어머니와 가족에게 보낸 편지〉, 《이순이 루갈다 남매 옥중편지》, 천주교 호남교회사연구소, 2002, 74쪽.
18. 다블뤼 저, 한국교회사연구소 엮음, 《셩찰긔략》, 13a~14b. "자식 있는 것을 싫어했는가. 자식의 많음을 원망하거나 몇이 죽기를 원하였는가. 자식의 생명이나 의식衣食을 힘써 돌보지 아니하였는가. 자식을 너무 엄히 다루어 자식이 마음으로 야속해 하지는 않는가. 자식을 미워하거나 원망하였는가. 자식을 악한 말로 꾸짖거나 욕하였는가. 자식에게 과도한 매질을 하거나 노하였는가. …… 자식이 냉담하거나 범죄하는 것을 보고 경계하지 않았는가. …… 명오 열린 자식에게 필요한 도리를 가르치지 아니하였는가. 자식에게 세속의 인사와 예의를 처지에 맞게 가르치지 아니하였는가. 자식의 마음과 말과 행실을 살펴 바르게 하도록 힘쓰지 아니하였는가. 자식의 응석을 받아 그 나쁜 습관을 키웠는가. 자식이 남에게 잘못하는 것을 알고도 놔두었는가. 명오 열린 자식을 외인에게 보내 기르게 놔두었는가. 세속 체면만 보고 자식의 영혼은 돌보지 아니하여 냉담한 집에 혼인하게 하였는가. …… 딸 낳은 것을 슬퍼하여 산모나 아이를 돌보지 아니하였는가. 악한 표양을 보여 자식이 죄를 짓게 하였는가."

적 교육을 바탕으로 영적 교육을 철저하게 해야 한다고 말한다. 더 자세히 보자면, 자식의 마음과 언행을 살펴 바르게 하도록 노력했는지, 악한 표양을 보여 자식이 죄를 짓게 했는지, 자식이 냉담하는 것을 보고 경계했는지도 성찰의 내용에 포함될 정도였다. 물론 이 책은 동정부부가 순교한 후에 출판된 책이지만 당시 천주교 가정의 그리스도교적 양성의 수준과 깊이를 엿볼 수 있다. 또한 그리스도인이었던 유 요한의 부모와 이 루갈다의 부모가 자녀들의 영적 교육을 위해 얼마나 정성을 기울였는지를 짐작하게 해 준다.

빠른 속도로 가정이 해체되어 가는 요즘, 그리스도인 부모들도 자녀들에게 신앙과 인성을 교육하고 바른 가치관을 심어 주는 데 커다란 어려움을 겪고 있다. 이러한 현실 속에서, 동정부부가 자란 가정의 분위기와 부모들의 역할에 대해 제대로 이해하는 것이 결국에는 그들의 영성을 알고 살아가는 바탕이 될 것이다.

다음에는 유 요한과 이 루갈다의 가정에 대해 다루면서 인물들을 중심으로 그들의 성장 환경을 알아보기로 하자.

1. 복자 유중철 요한의 가정

삶으로 그리스도를 전하다

동정부부인 유중철 요한과 이순이 루갈다의 가정은 초기 한국 천주교가 뿌리내리는 데 절대적인 역할을 한 집안이었다. 먼저 유중철(柳重哲, 1779~1801년) 요한의 가정은, 달레 신부가 천주교에 대한 열성과 애착이 모든 가정 중에 으뜸이라는 평을 기록한 바와 같이 그리스도에 대한 사랑이 열렬한 집안이었다.[19] 그리고 다블뤼 신부가 강조했던 것처럼, 박해를 받았을 때, 특히 혹독한 형벌을 겪으면서도 용기 있게 행동했으며 덕스러운 삶을 살아서 모든 이들의 귀감이 된 가정이었다.[20]

---

19. 달레, 《한국천주교회사》 上, 533쪽 참조.
20. 다블뤼, 《조선 주요 순교자 약전》, 147쪽; 한국천주교 주교회의 시복시성주교특별위원회, 《'하느님의 종' 윤지충 바오로와 동료 123위 – 시복 자료집》 제3집 320~321쪽 참조.

하느님에 대한 사랑 때문에 지역의 대부호였던 집안이 모든 것을 기꺼이 내어놓았고, 성인成人들은 거의 다 순교했으며 어린 아이들은 모두 멀리 유배를 가게 되었다. 이런 가정 분위기 속에서 유중철이 성장했고 동정부부가 함께 거룩한 삶을 살았던 것이다.

1) 첫 순교자 윤지충과 권상연

유중철 요한은 1779년 전라도 전주부 초남리(초남이)[21]에서 아버지 유항검(1756~1801년) 아우구스티노와 어머니 신희(?~1801년) 사이의 큰아들로 태어났다. 유중철이 어떤 환경과 분위기에서 성장했는지를 이해하기 위해서는 한국 천주교회 초창기에 커다란 기여를 했던 그의 할머니 권씨 부인의 친정, 즉 유항검의 외가에 대해 알아야 한다.

유항검의 어머니 안동 권씨는 우리나라 천주교회 최초의 순교자 윤지충(1759~1791년) 바오로의 이모이자 권상연(1751~1791년) 야고보의 고모였다. 그러므로 유항검은 윤지충의 이종사촌 형

---

21. 현재 전북 완주군 이서면 남계리 초남 부락으로 전주교구 만성동 성당 관할 구역임.

명례방 초기 집회, 김태 바오로 작,
1984, 명동 성당.

이자 권상연의 외종사촌 동생이 된다. 유항검은 바로 윤지충을 통해 천주교 신앙으로 입문하게 되었다.

윤지충은 조선 후기 가사 문학의 대가이며 〈어부사시사〉로 널리 알려진 윤선도(1587~1671년)의 6대 후손이며 화가 윤두서(1668~1715년)의 증손자이다. 그에게 고종사촌이 되는 정약전·정약용 형제와 함께 과거 시험 공부를 할 정도로 젊어서부터 서로 교류하며 친하게 지낸 사이였다. 정씨 형제는 이벽을 통해 천주교의 교리를 배우고 가톨릭 서적을 읽어 이미 나름대로의 신앙을 지니고 있었다. 바로 이들을 통해 천주교에 관한 것을 들었던 윤지충은 1784년 겨울 당시 천주교집회가 열리던 서울 명례방의 김범우의 집에서 《천주실의天主實義》와 《칠극七克》을[22] 빌려다 필사해 3년 동안 철저히 연구하고 묵상했다.

윤지충은 특히 같은 마을에 사는 외종사촌 형 권상연과는 학문뿐만 아니라 신앙에 있어서도 항상 같은 길을 걸었다. 윤지충과 권상연은 올바른 수행 생활을 위해 초월적이고 인격적인 하느님을 찾다가 《천주실의》에서 자신들이 바라던 하느님을 만났다. 그들은 하느님을 항상 자신들과 함께 살아 계신 부모님으로 모셨기에 그들이 하느님께 지닌 효심은 형벌과 죽음으로도 꺾을 수 없었다.[23]

유항검의 어머니 권씨 부인은 남인南人의 젊은 선비들이 추앙하던 녹암 권철신과 같이 권근權近의 후예이므로,[24] 미래의

---

22. 《칠극대전七克大全》의 약칭略稱. 저자는 스페인 출신의 예수회 신부 판토하(D. Pantoja, 龐迪我, 1571~1618년). 죄악의 근원이 되는 일곱 가지 뿌리와 이를 극복하는 일곱 자지 덕행德行을 다룬 일종의 수덕서修德書다. 1614년 중국 북경에서 일곱 권으로 간행된 이래, 여러 번 판을 거듭하였고, 《천학초함天學初函》 총서에도 수록되었으며, 이를 상·하 두 권으로 요약하여 《칠극진훈七克眞訓》이라는 책명으로도 간행되었다.
23. 김진소, 〈윤지충·권상연 나시보기〉, 《한국 최초의 순교자 – 시성에 즈음한 윤지충·권상연 학술심포지엄》, 전동 천주교회 윤지충·권상연 현양위원회, 2010, 26~27쪽 참조.
24. 김진소, 《천주교 전주교구사》 I, 빅벨출판사, 1998, 93쪽; 안동 권씨 족보, 《갑인보》 참조.

손자며느리인 루갈다와 같은 집안 출신임을 알 수 있다. 당시 양근의 권철신 집에서는 권철신과 그 문하의 젊은 학자들이 결속하여 학문을 열심히 익혔다. 유항검은 모계를 통해 권철신과 일족일 뿐만 아니라, 이종사촌인 윤지충을 통해 이벽, 이승훈, 정약전도 인척간이었으므로 양근의 소식을 들을 수 있었다. 그는 양근의 권철신 집을 찾아가 권철신의 아우 권일신에게 교리를 배우고, 그를 대부로 삼아 이승훈에게 아우구스티노라는 세례명으로 세례를 받았다.[25] 그러니 유항검은 미래의 며느리인 이 루갈다의 친정 외숙부들을 통해 천주교 신자가 된 셈이다.

윤지충을 통해 천주교를 알게 된 유항검이 이처럼 세례를 받은 것에 비해, 윤지충은 연구와 성찰을 계속한 뒤 부족한 교리를 고종사촌 형 정약전에게 배우다가, 이후 1787년 그를 대부로 모시고 고종사촌 자형인 이승훈에게 세례를 받았다. 이처럼 전라도 지역의 천주교는 유 요한의 아버지인 유항검과 유항검의 이종사촌인 윤지충을 통해 세워졌다.

---

25. 김진소, 앞의 책, 97쪽 참조.

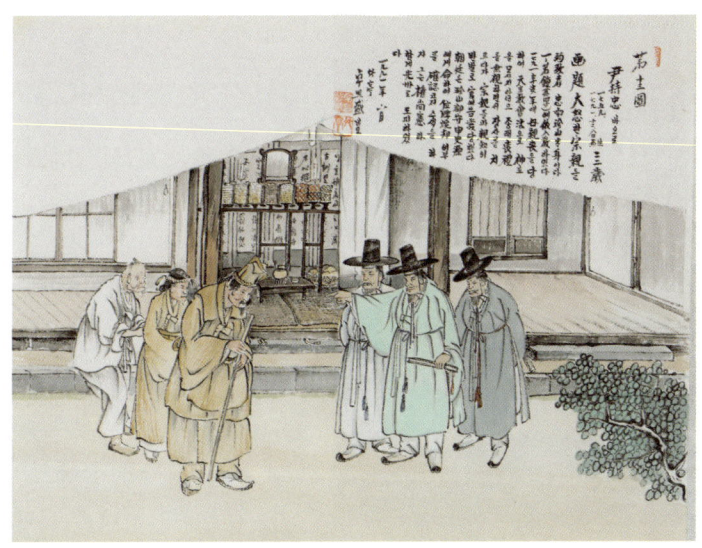

윤지충에게 대노하는 종친들, 탁희성 비오 작, 절두산 순교 성지 소장.

　1790년 북경 교회로부터 제사 금지에 관한 교회의 가르침이 전해졌다. 그 후 1791년 5월 전라도 진산에서[26] 윤지충이 모친(유항검의 이모)상을 당했을 때, 외사촌 형인 권상연과 함께 천주교의 교리를 지키기 위해 제사를 지내지 않았으며 어머니의 유언에 따라 신주神主를 불태웠고 천주교식으로 상을 치렀다. 유교 사상에 정통했고 누구보다도 부모에게 효도했던 그들이 이런 행동을 취한 것은 겉으로 볼 때 교회의 가르침을 따르기 위한 것이었지만 그것이 전부는 아니었다. 그들은 조상

---
26. 현재 충청남도 금산군 진산면.

윤지충과 권상연, 전동 성당.

의 영혼이 사람이 만든 나뭇조각 안에 있지 않다는 것을 믿었으며, 오히려 덕행을 실천하는 것이 조상의 영혼을 위한 진정한 효도라는 것을 몸소 깨달았기 때문이다. 그러나 이러한 사실이 유림儒林 사이에 알려져 관가에 고발되었고, 또 조정에 알려지면서 심한 논쟁으로 발전되었다. 결국 그들은 불효불충 역모죄로[27] 지금의 전동 성당 터에서 사람들이 지켜보는 가운데 참수당했다.

그들은 하느님을 자신의 아버지로 알아본 뒤에는 그분의 뜻을 따르지 않을 수 없다고 고백했을 정도로 부모와 같이 항상 함께 계시는 인격적인 하느님을 만날 줄 알았다. 그들의 확신에 찬 고백과 영웅적인 죽음을 통해, 신앙이 흔들렸던 사람

---

27. 대명률의 금지발총조禁止發塚條를 범한 죄.

들은 굳은 믿음을 지니게 되었고 일반 신자들은 감화를 받아 회개했으며 적지 않은 외교인들이 천주교에 입교했다. 지금은 전해지지 않지만 윤지충이 쓴 《죄인지충일기》는 오랫동안 신자들 사이에서 읽히면서 하느님에 대한 사랑을 키워 주는 영적 도서 역할을 할 정도였다.

이 땅의 첫 순교가 이처럼 유항검의 가까운 친척 안에서 일어났고, 바로 이들의 도움으로 유항검은 천주교에 몸담을 수 있었다. 당시 신자들의 신앙을 견고하게 했던 이 땅의 첫 순교자들이 유중철의 당숙堂叔들이었고 이들 덕분에 집안이 천주교 신앙을 갖게 되었기에 유중철은 어려서부터 그들 이야기를 들으며 성장했을 것이다. 당숙들이 치명했을 때 열두 살이었던 유중철은 그들의 거룩한 모범을 늘 마음에 새기면서 자신도 그들처럼 하느님께 모든 것을 다 내어 바치고 싶은 마음을 품게 되었을 것이다. 이순이 역시 시집을 와서 초남이에서 사는 동안에 시당숙들의 모범을 기억하며 유중철과 함께 한마음으로 하느님을 섬기고 이웃을 사랑하고자 했을 것이라고 짐작할 수 있다.

2) 삶으로 그리스도를 전한 복자 유항검 아우구스티노

　세례를 받고 돌아온 유항검은 마음 놓고 전교 활동을 할 수 없는 상황이었으므로 가족, 친척, 친지, 자기 집의 많은 노비, 광활한 토지를 관리하는 마름들,[28] 소작인들, 문전 식객 등 마음과 사상이 통하는 사람들을 대상으로 암암리에 전교했다.[29] 그가 교리를 가르쳐 세례받은 사람들 가운데 유배된 죄인들만 해도 스물다섯 명이나 된다.[30]

　당시 전라도 큰 재산가였던[31] 유항검은 엄청난 토지와 재산과 많은 노비를 거느리고 있었지만 결코 탐욕에 빠지지 않았으며 오히려 그가 지닌 덕스러운 삶으로 인해 사람들에게 존

---

28. '마름'은 지주를 대리해 소작권을 관리하는 사람이다.
29. 김진소, 《천주교 전주교구사》 I, 97쪽 참조.
30. 조광 역주, 《역주 사학징의》 I, 한국순교자현양위원회, 2001, 269~271쪽 참조.
31. 유항검 일족이 순교한 후 100년의 침묵을 깨고 1908년 유항검의 증손자임을 자칭하는 유길로가 나타나 정부가 몰수했던 유항검의 토지를 환수하겠다고 나섰다. 왜냐하면 1895년 고종 황제가 정치범으로 처형된 이들의 죄를 풀어 주고 복권하는 사면령을 내렸기 때문이다. 유길로는 전주 본당 보두네 François Xavier Baudounet 신부에게 도움을 청했고 보두네 신부는 정리국을 찾아가 협조를 요청했다. 전주 재무국장은 전주군에 소재한 전답만 1,500마지기고, 이만한 토지들이 적어도 10개 군에 산재해 있다고 밝혔다. 전주 본당 공동체와 보두네 신부가 1909년 뮈텔 주교에게 협조를 요청했지만 허사가 되었다. 아무튼 유항검은 줄잡아 15,000마지기(9,900,000㎡)나 되는 엄청나게 넓은 토지를 소유한 대지주였다(김진소, 《천주교 전주교구사》 I, 94~95쪽 참조).

경을 받았다.[32] 그는 단순히 교리를 가르치는 차원에 머물지 않고, 자기 재산을 가난한 사람들에게 나누어 주면서 몸소 천주교의 가르침을 실천했으므로, 이에 감화를 받은 사람들이 대거 입교했으며,[33] 호남 지방의 수많은 사람들이 천주교 신앙을 받아들였다.

이처럼 선교 사명을 위해 자신이 가진 모든 것을 하느님께 바친 유항검은, 다블뤼 신부가 기록했고 또 수많은 증거들이 보여 주듯이, 자신이 살던 전라도 지역에서 형제들의 영적 유익을 위해 시간과 힘을 다해 일했다.[34]

이러한 사실은 당시 순교자들의 증언에서 밝혀졌다. 예를 들어, 유중철에게 글을 가르쳤고 학문뿐만 아니라 신앙에서도 훌륭한 귀감이 되었던 김제의 순교 복자 한정흠(1756~1801년) 스타니슬라오의 사형 선고문을 보면 유항검 형제의 집에서 다년간 머물면서 천주교에 깊이 빠졌고 그 가르침을 독실하게 믿

---

32. 달레, 《한국천주교회사》 上, 314쪽 참조.
33. "유관검 형제는 하물며 엄청난 경제력을 가지고 재산을 풀어서, 슬기롭지도 않고 어리석지도 않은 자들을 불러들여 권유하여, 점차로 수삼數三의 고을들이 반쯤이나 이적금수夷狄禽獸가 되있습니다."(《역주 사학징의》 I, 97쪽, 유관검 · 유지헌 공동 신문 기록)
34. 다블뤼, 《조선 순교사 비망기》, 31~35, 56쪽; 한국천주교 주교회의 시복시성주교특별위원회, 《'하느님의 종' 윤지충 바오로와 동료 123위 – 시복 자료집》 제1집 186~187쪽 참조.

유항검과 그의 동생 유관검, 전동 성당 내 모자이크.

었다고 증언했다.[35] 그뿐만 아니라 각종 사학죄인[36] 명단 가운데 전라도 편을 보면 상당수가 유항검으로부터 사학을 배웠다고 나와 있다. 전주에서 스무 명(유항검의 노비,[37] 처남, 당질, 비부,[38] 친구, 마름), 김제에서 세 명(유항검의 소작인들), 영광에서 한 명(사돈 이종집), 금구에서 한 명(고을 사람 손동이)이 그에게 직접 사학을 배웠으며, 무안의 고시윤은 유항검과 함께 윤지충의 집에서 사학을 익혔다는 기록이 있다.[39] 마찬가지로 2014년에 시복된 무장(고창 개갑 장터)의 복자 최여겸(1763~1801년) 마티아 역시 유항검 가족에게 천주교 교리를 배워 열심히 실천했다고 전해진다.[40]

---

35. 조광, 《역주 사학징의》 I, 246쪽; 다블뤼, 《조선 순교사 비망기》, 162쪽 참조.
36. 당시에는 천주학을 사학邪學이라 했고, 이를 믿는 무리를 사당邪黨이라 했으며, 성화를 요화妖畵, 세례명을 사호邪號라고 폄하했다. 마찬가지로 천주교 서적을 '사서邪書'라고 기록했는데, 이는 말 그대로 사악한 책이란 뜻으로 당시 정부에서 천주교 서적을 가리켜 부른 이름이다. 이외에도 민심을 현혹시키는 요사스러운 책이라 하여 요서妖書, 흉악하다고 해서 흉서凶書라 불렀다.
37. 그들 가운데에는 2014년에 시복된 복자 김천애 안드레아도 있다. 그는 유항검의 종으로 그에게서 신앙의 주요 교리를 배웠으며, 주인과 함께 잡혔으나 박해를 기꺼이 참아 내어 순교했다고 나와 있다(다블뤼, 《조선 순교사 비망기》, 162쪽 참조).
38. 비부婢夫는 계집종의 남편을 가리킨다.
39. 조광, 《역주 사학징의》 I, 269~272쪽 참조.
40. 다블뤼, 《조선 주요 순교자 약전》, 121~122쪽; 한국천주교 주교회의 시복시성주교특별위원회, 《하느님의 종' 윤지충 바오로와 동료 123위 – 시복 자료집》 제3집, 164~165쪽 참조.

당시 사학 척결에 앞장섰던 대왕대비(정순 왕후 김씨)에게 올린 보고서에는 유항검에 대한 처형 내용이 자주 언급되는데, 이를 통해 유항검의 복음 운동이 매우 활발했음을 알 수 있다.[41]

유항검은 1786년 가성직 제도假聖職制度[42] 하에서 전라도 선교 담당 신부로 임명되어 전주 지방을 중심으로 성사를 집전하며 성무 활동을 했다. 그러나 교회 서적들을 읽던 중 가성직 제도의 오류를 맨 먼저 발견해 이를 이승훈에게 보고했다.[43] 그의 심정은 그가 이승훈에게 보낸 편지에서 읽을 수 있다.

> 집에 돌아와서 우리 성교회에 대한 책 여러 권을 아주 집중

---

41. 조광, 《역주 사학징의》 I, 64~67쪽 참조.
42. 1785년 을사추조적발사건을 계기로 한국 천주교회에도 교계 제도가 필요하다는 논의가 제기되었다. 북경에서 한국인 최초로 세례를 받고, 그곳의 교계 제도와 미사 집행을 직접 보고 귀국한 이승훈이 중심이 되어 독자적인 교계 제도를 세웠다. 즉 1786년에 신심 활동을 보다 조직화하기 위해 한문 교리서에서 얻은 지식에 따라 권일신, 이승훈, 유항검, 최창현, 정약전 등 열 명이 신부로 선출되었다. 이들은 약 2년 동안 성품성사를 받지 않은 채 미사 및 각종 성사를 집전했다. 그러나 교리서를 연구한 결과, 이들은 자신들이 선출한 직품의 유효성에 대해 의심을 품어 성직 수행을 중단하고 북경에 주재하던 주교에게 이 문제를 문의하는 편지를 보내게 되었다. 주교는 외부 선교사의 도움 없이 자생한 한국 천주교회를 격려하면서, 그러나 그들이 성품성사를 받지 않았으므로 각종 성사를 집전할 수 없다고 회답했다. 주교의 회신을 받은 교회 공동체는 성품성사를 받은 성직자가 필요함을 인식하고, 북경 교회에 선교사 파견을 요청하기 위해 윤유일을 다시 베이징에 파견했다. 이처럼 가성직 제도는 지도자 없이는 교회가 유지될 수 없음을 잘 아는 조선의 천주교 신자들이 독자적으로 형성한 조직이었다.
43. 〈이승훈의 첫째 서한〉, 《이승훈(베드로) 연구 특집호 - 교회사연구》 제8집, 한국교회사연구소, 1992; 〈유항검의 서한〉, 175쪽; 〈유항검문초〉, 《사학징의》, 234~235쪽.

적으로 찬찬히 읽어 보고 저는 그만 기절초풍하고 말았습니다. 왜냐하면 사제품을 받으면 인호印號를 받게 되는데, 바로 이 인호가 없는 사람은 사제의 직무 가운데 그 어떤 것도 수행하려고 해서는 안 된다고 여러 책에서 말하고 있기 때문이었습니다. 그런데 공公께서는 그라몽 신부님한테서 이런 인호를 받지 못했기 때문에 저희를 사제품에 오르게 할 권한이 없는 것입니다. 그러니 공께서 그동안 하셨던 일보다 더 무모한 일이 어디에 있겠습니까.

…… 그런데 제가 열심히 피정을 하면서 미사 성제 예절들을 다른 것들로 변경해 보려고 그 예절들을 깊이 고찰해 나가고 있던 중, 그동안 제가 무슨 일을 저질렀는지를 비로소 깨닫게 되었던 것입니다. …… 게다가 다른 책들을 볼 것 같으면 서품을 받지 않아 인호를 받지 못한 사람은 그 누구도 우리 주님의 몸을 축성할 수 없다고 했습니다. 그러니 이 공, 저희에게 사제품을 허락한 공이나, 공으로부터 우리 주님의 몸을 축성할 수 있는 권한을 부여받은 저희나 어찌 독성죄를 안 지었다고 변명할 수 있겠습니까.

일반적으로 성사는 합법적으로 공인된 방법으로 권한을 부여받지 않은 사람은 절대로 성사를 주는 직무에 관여해서는 안

능지처참 받는 유항검, 탁희성 비오 작, 절두산 순교 성지 소장.

되는 것입니다. 아무리 이와 반대되는 의견을 가진 사람들이 많다고 하더라도 말입니다.[44]

유항검은 독성죄에 해당되는 행위를 중단하도록 누누이 역설하고 북경 교회에 사제 파견을 강력히 촉구함으로써 신앙의 자유와 성직자 영입 운동을 추진하는 계기를 마련했다. 또한 이와 같은 목적으로 서양 선교사들의 교통수단으로 서양의 대

---

[44] 윤민구 저·역, 《한국 초기 교회에 관한 교황청 자료 모음집》, 가톨릭출판사, 2000, 22~30쪽.

형 선박을 보내 달라고 요청했으며 이를 위해 북경에 파견되는 밀사의 활동 자금을 지원했다.

드디어 중국에서 주문모 신부가 입국하자, 1795년 유항검은 주문모 신부를 전주로 모셔와 미사를 봉헌하도록 하여 아들 유중철 요한이 거룩한 결심을 할 수 있는 토대를 마련해 주었다. 또한 유항검은 이후 이순이 루갈다가 시집와서 유중철 요한과 함께 동정부부의 삶을 살 수 있도록 이들 가까이에서 지켜 주고 끝까지 지지해 주었다.

1801년 유항검이 서양의 대형 선박을 불러들이려 했던 것이 드러나 10년 전 이종사촌 동생 윤지충과 외종사촌 형 권상연이 순교한 지금의 전동 성당 터에서 대역부도죄로[45] 능지처참을[46] 당했다. 그의 잘린 목은 사람들에게 경각심을 불러일으키려는 목적으로 전주 풍남문 누각에 매달리게 되었다. 그뿐만 아니라 그의 가족 전체가 순교하거나 유배를 갔으며 초남

---

45. 대역부도大逆不道는 임금이나 나라에 큰 죄를 지어 도리에 크게 어긋남, 또는 그런 짓을 가리킨다.
46. 능지처참陵遲處斬은 대역죄를 범한 자에게 내리던 극형으로 일단 죄인을 죽인 뒤 그 시체를 머리·왼팔·오른팔·왼 다리·오른 다리·몸통의 여섯 부분으로 찢어 각지에 보내 여러 사람들에게 보이는 형벌이다.

이에 있는 그의 집은 파가저택破家瀦宅의 처분을 받았다. 파가저택은 조선왕조 500년 역사에 가장 큰 형벌 가운데 하나로, 인륜에 벗어난 큰 죄를 지은 죄인(역적, 국사범 등)의 집을 헐어 없애고 그 터에 물을 채워 못을 만드는 것이다. 하느님에 대한 사랑과 믿음 때문에 전라도의 갑부였던 유항검의 집은 그 집터마저 완전히 사라지게 되었다.

3) 유중철의 어머니와 가족

아버지 유항검에 비해 알려진 바가 거의 없는 유중철의 어머니인 신희의 신앙은 사형 선고문에 나오는 그녀의 발언을 통해 충분히 읽어 낼 수 있다.

> 예수를 가르침으로 삼고, 형벌을 받아 죽음을 영광으로 삼았다. 지아비가 죽었는데 그 의리로 볼 때 어찌 혼자 살면서 존숭하여 받들던 도리를 생각하지 않겠는가. 오직 빨리 죽기를 바랄 뿐이다.[47]

---
[47]. 조광, 《역주 사학징의》 I, 248쪽.

이처럼 짧은 문장이지만 신희는 남편 유항검과 아들 유중철과 같은 열렬한 신앙을 지녔음을 명백히 알 수 있다. 이 밖에도 남편 유항검과 함께 아들 부부의 동정 서약을 지켜보았으며, 또 어머니와 시어머니로 아들 부부가 동정의 삶을 살아가는 데 실질적인 도움과 지지를 아끼지 않았으리라는 것을 짐작할 수 있다. 따라서 신희에 대한 언급이 매우 적다 하더라도 그녀의 신앙이 이 부부에게 끼친 역할을 충분히 헤아려 볼 수 있다.

마찬가지로 요한의 숙모인 이육희李六喜 역시 사형 선고문에서 같은 신앙을 고백한다.

> 나라의 금지령이 비록 엄하다 하더라도 서교西敎는 본디 중요한 것이다. 배교하여 삶을 도둑질함은 절의節義에 죽느니보다 못하다. 지금 무슨 말을 하겠는가, 오직 빨리 죽기를 바랄 뿐이다.[48]

이는 루갈다가 쓴 옥중 편지에도 그대로 담겨 있는데 편지에서 루갈나는 시숙모의 훌륭한 예를 늘며 진정 식구들에게 본받으라고 할 정도였다.

---

48. 조광, 앞의 책, 248쪽.

1. 복자 유중철 요한의 가정

여기에 함께 계시는 우리 시숙모께서는 아들만 하나 두었다가, 이제 우리와 더불어 치명하려 하여 함께 형벌을 받고 갇혔으나, 지극히 순명하며 태연하게 계신다 하오니, 이런 분들로 표양을 삼으시고, 우리 성모님과 옛 성인들을 본받아 무익한 것에 마음을 쓰지 마십시오.[49]

유중철의 동생 복자 유문석(1784~1801년) 요한은 미혼이었고 초남이 가족의 신앙 속에서 같은 열성으로 교리를 실천했으며 훌륭하게 순교를 준비했다고 한다. 특히 형 유중철보다 늦게 체포되어 형이 옥에 갇혔을 때, 전주옥에 다니며 옥바라지를 하다가 나중에 체포되어 형과 같은 날에 교수형을 받아 순교했다.

유중철의 사촌인 유중성 마태오도 사형 선고문에서 "서교西教는 집안에서 전해 오던 학문이다. 둘째 숙부가 영예롭게 죽었는데, 단지 한가지로 따라 죽기를 바랄 뿐이다."[50]라고 증언했다. 이처럼 유중철의 가정과 친척은 엄청난 부를 누릴 수 있는 사회적 여건을 갖췄지만 이에 마음을 뺏기지 않고, 오직 하

---

49. 이태영, 〈이순이 루갈다가 친언니와 올케에게 보낸 편지〉, 《동정부부 순교자 이순이 루갈다 옥중편지》, 천주교 전주교구, 2011, 53쪽.
50. 조광, 《역주 사학징의》 I, 248쪽.

느님을 위해 자신들의 모든 것을 내어 바쳤다.

또한 이순이 루갈다의 시대, 즉 유항검의 가족은 신앙 안에서 서로 깊은 유대를 형성했고 특히 순교를 앞둔 상황에서는 이러한 가족애와 연대감을 더욱 명확히 표현했다. 이순이

유항검 가족묘, 치명자산.

에 따르면 이순이의 시어머니(신희), 시숙모(이육희), 시동생(유문석), 시사촌 동생(유중성) 등 다섯 명은 감옥에서 주님을 위해 치명하자고 서로 약속했고 한마음으로 어려운 순간을 함께했다.[51] 즉 서로 도우면서 함께 형벌을 받고 끝까지 함께하기로 다짐하는 등 깊은 신앙을 공유했다.

---

51. 이태영, 〈이순이 루갈다가 친언니와 올케에게 보낸 편지〉, 《동정부부 순교자 이순이 루갈다 옥중편지》, 35쪽 참조.

4) 유중철의 봉헌의 삶 – 부모의 지지와 도움

하느님과 사람을 열렬히 사랑했던 덕스럽고 신심 깊은 부모 밑에서 자란 유중철은 학문뿐만 아니라 신앙에 있어서도 훌륭한 스승 아래에서 교육을 받았으며, 성실하고 솔직한 신심과 열렬한 애덕을 지니고 있었다.[52]

유항검이 신앙인으로서의 모범뿐만 아니라 아버지로서의 깊은 정을 가지고 아들 부부를 대했다는 것은 루갈다가 옥중에서 시댁 식구들에 대해 이야기하는 부분에서 찾아볼 수 있다. 특히 시아버지의 죽음 이후에 이순이 루갈다는 크게 상심했고 시아버지에 대한 애절한 그리움을 품었다.

> 올해 들어 애간장을 녹이다가 결국 어찌할 수 없이 시아버님을 여의게 되니 저도 살고 싶은 마음이 없습니다. 기회를 보아 주님을 위해 목숨을 바치리라 결심하고, 큰일을 도모하여 있는 힘을 다했으나, 어찌 되는지 알지 못하겠습니다.[53]

---

52. 달레, 《한국천주교회사》 上, 536쪽 참조.
53. 이태영, 〈이순이 루갈다가 친언니와 올케에게 보낸 편지〉, 《동정부부 순교자 이순이 루갈다 옥중편지》, 32쪽.

유중철 요한, 치명자산 경당 내 모자이크 일부(머리의 후광 부분 수정),
남용우 마리아 작.

유항검과 동정부부, 치명자산.

언제나 감옥을 벗어나서, 하느님과 성모님과, 존경하는 시아버지와, 나의 동생(시동생)과, 충실한 벗인 요안을 만나 즐길까 생각하지만, 죄 많은 이 몸이 다만 바라기만 할 뿐, 제 뜻같이 그렇게 쉽게 될 리가 있겠습니까?[54]

게다가 당시 천주교 신자들 가운데에서 남자가 동정을 지키며 살아가는 것은 지극히 드문 일이었으며, 유중철이 아무리 동정 생활을 원한다 하더라도 가족 중심주의의 유교 사회에서는 모든 결정권이 가장인 아버지에게 있었으므로, 유항검

---

54. 이태영, 앞의 책, 63쪽.

의 허락이 없는 한 절대로 불가능한 일이었다. 즉 유중철은 아버지를 통해 하느님을 알게 되었고, 부모의 신앙적 모범을 통해 신앙적 양성을 받았으며, 부모의 허락과 지지로 동정부부의 삶을 살 수 있었던 것이다.

비록 유중철이 직접 남긴 글이 없어서 구체적으로 그의 신앙 세계를 알 수는 없으나, 루갈다가 고백한 대로라면 그는 모든 사람들의 존경을 받았고 신심을 부지런히 닦았으며 주님을 열렬하게 사랑했다. 그뿐만 아니라 남편에 대해 가장 잘 알고 있을 루갈다가 마음속으로 가장 존경하고 좋아하는 사람으로 유중철을 꼽을 수 있었던 것은, 그가 초남이 가정에서 영적으로나 인성적으로나 훌륭한 양성을 받았다는 것을 말해 준다.

2. 복녀 이순이 루갈다의 가정

1) 이순이의 부모 세대 – 한국 천주교회의 요람

아버지 이윤하 마태오

이순이(李順伊, 1782~1802년) 루갈다의 친정과 외가는 한국 천주교 역사에서 괄목할 만한 인물들을 배출한 유학자 집안이었다. 먼저 친가 쪽을 보면, 그녀의 아버지 이윤하(1737~1793년)는 전주 이씨로서 지봉 이수광(1563~1628년)의[55] 손孫이자, 성호 이익(1681~1763년)의 외손자로, 조부祖父 이익의 학문을 이어 받

---

55. 우리나라에 서학서 전래와 서학서에 대해 최초로 소개한 기록은 이수광의 《지봉유설》이다(김진소, 《천주교 전주교구사》 I, 69쪽 참조).

고 권철신 문하에서 가르침을 받았다.[56]

달레 신부의 기록과는 달리, 이윤하는 마태오라는 세례명을 받은 신자였다.[57] 더군다나 이윤하는 이승훈이 북경에서 세례를 받고 귀국하기 이전부터 개최되었던 한국 천주교회 초창기 천진암 주어사走魚寺의 강학에 참석했을 뿐만 아니라, 명례방 김범우 집에서 열린 천주교 집회에 참석한 주요 인물 가운데 한 사람이었다.

특히 1785년 봄에 형조刑曹의 관헌들에게 집회가 발각되었을 때 중인인 김범우만 신문을 받자, 권일신과 함께 형조에 가서 성상을 돌려주고 김범우와 함께 처벌받기를 자청했던 사람들 가운데 포함되어 있었다.[58] 게다가 '사학죄인' 최창현이 지

---

56. 김진소,《이순이 루갈다 남매 옥중편지》, 17쪽 참조.
57. 윤민구,〈신미년에 조선 천주교 신자들이 북경 주교에게 보낸 편지〉,《한국 초기 교회에 관한 교황청 자료 모음집》, 241쪽; A-MEP Vol. 577 Corée 1797~1860 필사 문서 판독 자료집 - 한국 천주교 주교회의 문화위원회, 56쪽 참조.
58. 이만채 저,《신완역 벽위편》, 한국고전명저정선 9, 명문당, 1987, 95~96쪽.《정조실록》권33, 15년 11월 5일(병자). 권이卷二 을사년, 추조秋曹(조선시대 형조刑曹의 별칭)에서 적발摘發한 사실. 진사 이용서李龍舒 등의 통문 및 회문: 을사년(1785년) 봄에 이승훈은 정약전·정약용 등과 함께 장예원掌隸院 앞에 있는 중인 김범우 집에서 설법說法을 히였는데, 이벽이라는 자가 있었는데 …… 이승훈과 정약전·정약종·정약용의 삼형제 및 권일신 부자가 모두 제자라 일컬으며, 책을 옆에 끼고 모시고 앉았는데 …… 추조의 판서判書 김화진은 그들이 양반의 자제로서 잘못 들어간 것을 애석하게 여겨서 타일러 내보내고 다만 김범우만 가두었다. 권일신은 그의 아들과 이윤하와 이총억과 정섭 등 다섯 사람을 데리고 바로 추조에 들어가서 성상聖像을 돌려 달라고 여러 차례 호소했다.

목한 사람들 가운데 등장하는 것을[59] 보더라도 그가 한국 교회 창설기에 중요한 일을 맡아보고 있었음을 알 수 있다.[60]

이외에도 정약용이 자신의 형 정약전의 묘지명에 적힌 고인의 학문 경향에 관해 말한 부분은 이윤하가 당시 교회 주요 인물들과 교류하면서 살았음을 명확히 밝혀 준다.

> 서울의 젊은 사류士類들과 교유交遊하며 견문을 넓히고 뜻을 고상히 가져 이윤하, 이승훈, 김원성 등과 굳은 친분을 맺고, 성옹星翁(이익)의 학문을 전수받아 주자朱子를 붙좇고 도학道學의 근원을 찾아 공자孔子에까지 거슬러 가서 읍양揖讓(겸손한 태도를 가짐)하며 학문을 강론講論하고 탁마琢磨하여 서로 더불어 덕을 쌓고 학업을 닦았다. 얼마 뒤에는 다시 녹암鹿菴(권철신)의 문하로 들어가 가르침을 받았다.[61]

지봉 이수광의 후손인 그의 집에는 가보로 전해 내려온 《천

---

59. 조광, 《역주 사학징의》 I, 115쪽 참조.
60. 유홍렬, 《한국사회사상사논고》, 일조각, 1980, 193쪽 참조.
61. 정약용 저, 정태현 역, 《국역 다산시문집》 7, 민족문화추진회, 솔출판사, 1985, 89쪽. 선중씨先仲氏(정약전)의 묘지명.

주실의》를 비롯한 천주교 관련 서적들이 보관되어 있었는데[62] 그것을 자녀에게도 전해 줬다는 데서 그의 신앙과 자녀 양성에 대해 짐작할 수 있다. 이 사실은 이 루갈다의 오빠인 이경도의 문초 기록에 나타나는데, 그는 자신이 신봉하는 천주교는 집안에서 전습傳習되어 신봉된 것이고, 집에 천주교에 관한 서적이 있어서 어렸을 때부터 배워 익혔다고 밝혔다.[63]

그러나 앞에서 말한 바와 같이 이윤하가 천주교 신앙 운동을 일으키게 된 것은 무엇보다 《천주실의》의 발문跋文과 《칠극》의 평론을 지은 이익李瀷을 양외조부養外祖父로 모셔 그 감화를 받았기 때문이라고 볼 수 있다.[64] 즉 이윤하는 양자로 입적한 이수광의 가문보다 양외조부인 이익의 가계와 처남인 권철신·권일신으로부터 훨씬 더 큰 영향을 받았다.

---

62. 이만채, 《신완역 벽위편》, 96~97쪽. 진사 이용서李龍舒 등의 통문 및 회문: 통문에서 말하기를 "요사이 듣자 하니 서양 서적을 가지고 온 놈들 5, 6명이 도적놈들 같이 모여서 결당을 하여 도장道場을 설치하고 설법을 강론하다가 그 도장의 주인이 갇히어 형벌을 받게 되자 5, 6명이 제 발로 추조에 나아가 함께 같은 형벌을 받기를 청하고, 육신을 빨리 버리고, 천당에 영원히 올라가 있기를 원하였다 한다."
63. 이경도는 포도청에서 진술한 내용 가운데 "집안에 사서가 있었으므로, 항상 보아 익혔고, 마음을 오로지 하여 깊이 흘렸습니다."라는 고백이 있으며, 마지막 사형 선고문에서는 "(사학은) 너의 집에서 전수되어 오던 학술學術이다. 집에 사서邪書가 있었기 때문에 어릴 때부터 보아 익혔고, 깊이 흘리게 된 지경에 이르렀다."라는 내용이 있다(이경도가 포도청에서 진술한 내용: 조광, 《역주 사학징의》 I, 241~242쪽 참조).
64. 유홍렬, 《한국사회사상사논고》, 195쪽 참조.

강완숙을 중심으로 한 여성 신앙 공동체, 임수현 제노베파 작.

어머니 권씨 부인

루갈다의 어머니 권씨(1754~1835년)는 조선 건국기에 크게 활동하며 유학자로 이름을 날린 권근(1352~1409년)의 14대 후손인 권암의 딸이며, 당대의 석학이자 조선 천주교 설립의 토대를 닦은 권철신(1736~1801년)과 권일신(1751~1792년)의 누이동생이다. 이순이와 이경도에 비해 이경언이 한참 어렸던 것처럼 권씨 부인과 권일신은 세 살 차이지만, 손위 권철신보다는 각각 18세와 15세가 더 어리다. 이로 보아 권씨 부인은 권일신과 더 많은 교류를 하며 지냈을 것으로 추측된다.

게다가 또 다른 동정부부인 권천례 데레사는 권일신의 딸로서 루갈다보다 두 살 아래인 외종사촌 동생이다. 이 두 쌍의 동정부부가 있게 한 권씨 친정의 분위기에 대한 이해가 이순이 루갈다의 영성을 이해하는 데 도움이 될 것이다. 그리고 이순이 루갈다의 아버지 이윤하 역시 루갈다의 외숙부인 권철신 문하에서 가르침을 받았다는 사실로 보아 이순이 루갈다의 지적·영성적·인성적인 양성은 어머니 권씨 부인의 집안에서 비롯되었음을 알 수 있다. 또한 순교자 강완숙이 포도청에서 자백한 내용에 편지를 주고받은 다섯 집 가운데 권철신과 권철신의 손아래 누이 집이 등장하는 것으로 볼 때,[65] 이 루갈다의 친정 집안, 특히 외가 사람들이 활발한 신앙생활을 했음이 확실하다.

그리고 이 루갈다 남매의 옥중 서간 내용은 모두 어머니인 권씨 부인으로부터 건강한 인성적·종교적 양성을 받았다[66]는 것을 보여 준다. 아버지 이윤하가 죽었을 때 이순이는 열한

---

65. 조광, 《역주 사학징의》 I, 171~172쪽 참조.
66. 김옥희, 《한국천주교여성사》 I, 한국인문과학원, 1983, 39쪽 참조. 순교자 윤점혜 역시 포도청에서 진술한 내용을 보면 어머니에게서 사서를 배웠다고 말했다(조광, 《역주 사학징의》 I, 182쪽 참조).

이벽을 만나는 권철신 암브로시오, 탁희성 비오 작, 절두산 순교 성지 소장.

살이었고 동생 이경언은 한 살이었다는 것을 고려하면, 이순이 루갈다 오누이의 신앙과 인성은 많은 부분이 어머니 권씨 부인의 교육에서 비롯된 것으로 볼 수 있다. 또한 권일신이 죽었을 때(1792년) 딸 권천례 데레사는 열 살 정도였고 남은 자녀들도 어렸으므로, 그들 역시 고모인 권씨 부인으로부터 많은 영향을 받았을 가능성이 크다.

무엇보다 루갈다의 어머니인 권씨 부인이 자녀들에게 훌륭한 신앙을 가르치고 전해 줄 수 있었던 것은 당시 시대 상황에서 비롯된 것이다. 한국 천주교회 창립기에 남인 계통의 학자들이 천진암 주어사 등지에서 학문 토론회 등을 펼칠 때, 이들 집안의 부녀자들은 천주교 신앙 서적을 읽고 교리를 연구하면서 이를 삶 속에서 실천했다.

사회 구조적으로 보더라도 당시 양반층 여성은 특별한 경우를 제외하고는 외출이 제한되어 거의 집안에서만 생활했기 때문에, 딸에 대한 지적 교육과 영적 교육 모두 가정 교육 안에서 이루어졌으며, 이런 교육은 바로 어머니들의 역할에 달려 있었다.

이처럼 자녀 교육에 힘을 기울였던 권씨 부인의 자녀들 가운데 삼 남매가 한국 교회사에 또렷한 족적을 남긴 순교자들이었다는 사실은 어쩌면 자연스러운 결과라 할 수 있을 것이다. 이들의 옥중 편지들을 보면 모두 하느님의 뜻을 따르는 데 최선을 다했으며 사람과 가족을 구체적으로 사랑했다. 달레 신부는 이는 바로 어머니 권씨 부인의 덕분이라며 다음과 같이 기록했다.

이 루갈다는 강직한 성격과 상냥하고 열정적인 마음과 비상한 총명을 타고났다. 한마디로 그는 육체와 정신의 모든 자질을 타고났는데 그 지위에 알맞은 교육으로 그 자질은 쉽게 발전할 수가 있었다. …… 그의 어머니는 그보다 더 행복하여 천주교 교리를 배워 자녀들을 심신 속에서 기르는 데에 일생을 바쳤다. 이루갈다는 덕이 많은 어머니의 보살핌에 충실히 응하여 그의 모든 생각은 자기 영혼의 구원에만 집중되었고 그 마음의 모든 사랑은 예수 그리스도만을 위하여 바쳐졌으며 그의 높은 가문으로 쉽게 마련할 수 있었을 영화와 향락을 조금도 원하지 않았다.[67]

큰외숙부 권철신

권철신은 이익이 가장 기대하던 제자였으며, 이익이 세상을 떠나자 젊은 학자들 상당수가 그의 제자가 되었다.[68] 이익의 제자 중 권철신 문하에서 천주교 신봉자들이 발생할 수 있었던 것은 그들이 천주교의 높은 윤리는 《칠극》에서, 윤리적 실천의 정신적 밑받침은 《천주실의》에서 찾았기 때문이다.

이벽이 복음 전파와 천주교회의 기반을 마련하기 위해 이루갈다의 외숙부인 권철신·권일신 형제를 찾아간 것은 이들

---

[67]. 달레, 《한국천주교회사》 上, 534쪽.
[68]. 김진소, 《천주교 전주교구사》 I, 85쪽 참조; 정약용, 《국역 다산시문집》 7, 76쪽. "선생(이익)이 죽은 뒤로 과연 재주 있고 준수한 후배들이 모두 공에게 모여들었다."

이승훈과 함께 북경 주교에게 편지를 쓰는 권일신 프란치스코,
탁희성 비오 작, 절두산 순교 성지 소장.

이 정약전과 같은 당대의 젊은 학자들로부터 그 학식과 덕망에 대해 좋은 평판을 얻고 있었기 때문이다. 만약 그들이 입교만 해 준다면 그들을 추종하고 그 집에 와서 공부하는 수많은 제자들이 입교하게 될 것이고 또 그들을 통해 천주교가 전국적으로 퍼져 나갈 수 있게 될 것이라 여겼던 것이다. 1784년 양근에 있는 권씨 집에서 종교에 대한 강의를 듣고, 맏이인 권철신은 처음에는 망설였지만 얼마 후에 천주교에 입교해 암브로시오라는 세례명으로 세례를 받았다.[69] 이벽의 기대처럼, 그

---

69. 달레, 《한국천주교회사》 上, 310~311쪽 참조.

는 뛰어난 학자일 뿐만 아니라 부모에게는 효도하고 사람들에게는 너그럽고 헌신적이어서, 많은 이들이 그의 표양을 보고 천주교에 입교했다.[70]

권철신은 전도와 교회 일에 직접적으로는 관여하지는 않았지만 늘 자기 집에서 학문과 종교 생활에 전념했다. 당시 각 도의 유배자 명단을 보면 많은 사람들이 권철신에게 사학을 배운 죄로 유배되었는데, 윤학겸은 권철신의 편을 들어, 사학을 배척하는 선비들을 헐뜯은 죄로 유배를 당했다. 그뿐만 아니라 선교사의 전도도 없이 한문 서학서를 통해 자발적으로 천주교를 수용해 한국 천주교회의 창설을 주도한 사람들이나 지방 각지의 신앙 공동체의 설립을 주도한 사람들은 거의 다 권철신의 제자들이거나 그에게 학문적 영향을 받은 사람들이었다.[71]

작은외숙부 권일신

안정복의 딸과 결혼한 권일신은 형 권철신보다 먼저 프란

---

[70]. 달레, 위의 책, 439~440쪽 참조.
[71]. 서종태, 〈천주교의 수용과 전파의 토대를 구축한 권철신과 권일신〉, 《한국 천주교회 창설주역의 천주신앙 – 창설 주역의 순교와 그 평판》, 제3차 한국 순교자 시복시성을 위한 세미나, 천주교 수원교구 시복시성 추진위원회, 2010, 99쪽 참조.

치스코 사베리오라는 이름으로 입교했고 자기 가족뿐만 아니라 친구와 친지들에게 신앙을 전했다. 형 권철신처럼 학식과 덕행으로 알려져 있던 그는 각지의 수많은 이들을 입교시켰는데, 그 가운데에는 내포 천주교회의 기초를 놓은 이존창(단원) 곤자가의 루도비코, 또 전라도 천주교회의 기초를 세우는 데 기여한 유항검 아우구스티노도 있다. 이존창은 훗날 한국의 첫 사제인 김대건 안드레아의 할머니가 되는 자신의 조카에게 세례를 줬으며, 유항검은 이순이 루갈다의 시아버지가 된다.

이들 외에도 수많은 이들이 권일신의 명성과 학식과 덕행에 매료되어 그를 통해 천주교에 입교하게 되었다. 윤유일은 가톨릭 서적이 한국에 보급되자마자 스승 권일신으로부터 천주교 교리를 배웠고,[72] 순교자 정광수 역시 1791년에 권일신에게 천주교 교리를 배웠다고 포도청에서 진술했으며,[73] 사학 죄인 가운데 이기연 또한 권일신과 연결되어 천주학에 깊이 빠져들었다고 증언했다.[74] 권일신은 1791년 11월에 체포되어

---

[72]. 다블뤼, 《조선 주요 순교자 약전》 92~95쪽; 한국천주교 주교회의 시복시성주교특별위원회, 《'하느님의 종' 윤지충 바오로와 동료 123위 – 시복 자료집》 제1집, 166~167쪽 참조.
[73]. 조광, 《역주 사학징의》 I, 193쪽 참조.
[74]. 조광, 앞의 책, 246쪽 참조.

권씨 부인이 루갈다 혼인 성사 위해 문중 어른 초대하다, 탁희성 비오 작, 절두산 순교 성지 소장.

고문을 받고 제주도로 귀양 명령을 받았는데, 감옥에서 나와 유배 가기 전에, 상처 치료를 위해 서울에 있는 여동생인 권 씨 부인의 집(이순이의 친정집)에 머물다[75] 그곳에서 죽음을 맞이했다. 형제들 가운데 가장 활발하게 신앙생활을 했고 권씨 부인과 같이 자랐기에 많은 교류를 했을 권일신에게 무엇보다도 빼놓을 수 없는 것은 그의 딸인 권천례 데레사가 사촌 루갈다처럼 동정부부의 삶을 살았다는 것이다.

---

75. 달레, 《한국천주교회사》 上, 357~358쪽 참조.

이처럼 이순이 루갈다 남매들과 권천례 데레사와 같은 자녀들 세대의 생생한 신앙의 증거들로 미루어 보아, 그들의 부모 세대가 그리스도교 신앙을 받아들여 이를 삶 안에서 치열하게 증언하고 직접적으로 자녀들의 신앙과 인성의 양성에 커다란 정성을 기울였음을 알 수 있다.

2) 이순이의 세대 – 순교와 증언

한국 천주교회 창립기의 커다란 주역들이었던 권씨 형제의 신앙과 학식과 모범은 그들 세대에 그치지 않고 그 자녀들 세대로 이어져 훨씬 더 풍요롭게 무르익었다. 루갈다의 오빠와 남동생 그리고 외종사촌 동생의 삶을 보더라도 그녀가 어떠한 가정과 분위기 속에서 성장했는지 충분히 짐작할 수 있다.

앞으로 다루겠지만, 권씨 부인의 다섯 자녀들 가운데 이경도 가롤로와 이순이 루갈다와 이경언 바오로는 순교자이며, 각자 옥중 서간들을 통해 우리에게 소중한 신앙의 유산을 남겨 주었다. 그뿐만 아니라 권일신의 딸 권천례 데레사는 고종사촌 언니 이순이처럼 성체성사를 받았을 때 동정의 삶을 기원한 또 한 쌍의 동정부부이자 순교자였다.[76] 그리고 권철신의 양자로 들어갔던 순교 복자 권상문(1769~1802년) 세바스티아노 역시 권일신의 아들인데, 사형 죄인 문서를 보면, 아버지 권일신이 살아 있을 때 아버지 곁에서 듣고서 사학에 빠져들었다고 증언했다.[77]

오빠 이경도 가롤로

이순이의 오빠인 복자 이경도(1780~1802년) 가롤로는 달레 신부의 기록에서 매우 성숙하고 덕이 출중한 사람으로 평가받는다.

> 이 영광스러운 무리의 으뜸은 이순이 루갈다의 오빠 이경도 가롤로였다. 이경도 가롤로는 성격이 온순하고 너그럽고 점잖아, 어려서부터 천박한 이야기를 하지 않았다. 그는 일찍부터 뛰어난 천부의 재질과 학문의 진보로 뭇사람의 주의를 끌었다.[78]

---

76. 달레, 《한국천주교회사》中, 90쪽 참조.
77. 조광, 《역주 사학징의》I, 227쪽 참조.
78. 달레, 《한국천주교회사》上, 602쪽.

이경도는 이순이보다 두 살 위의 오빠라, 이순이와 함께 성장했다. 그는 동정의 삶을 살고자 하는 여동생 루갈다의 혼사가 오갈 때 아버지 이윤하의 사망 후(1793년) 홀어머니를 모시며 장남으로서 중요한 역할을 해야 하는 상황에 놓여 있었다. 가문의 친척들 대부분이 혼사를 강하게 반대할 때 그는 여동생을 전폭적으로 지지해 주면서 혼인을 성사시켰는데, 이는 그 역시 동생이 가려는 길의 중요성을 충분히 공감했다는 것을 보여 준다.

> 그의 누이 유희가 전주의 유중철 요한과 혼인한 것 또한 그의 집안으로부터 심한 질책을 사게 했다. 모두가 큰소리로 항의했고, 그 혼사를 깨트려야 한다고 소리를 높였는데, 가롤로는 이 모든 모욕을 용기 있게 감내했고, 그의 결심을 꿋꿋이 지켰다.[79]

다블뤼와 달레 신부가 그처럼 극찬을 했지만, 막상 이경도 자신은 하느님과 가족 앞에서 자신의 부족함을 진솔하게 표현했다. 동정을 지켜 낸 여동생 루갈다가 자신의 성공담을 자신

---

79. 다블뤼, 《조선 주요 순교자 약전》, 126~127쪽; 한국천주교 주교회의 시복시성주교특별위원회, 《하느님의 종' 윤지충 바오로와 동료 123위 – 시복 자료집》 제4집, 70~73쪽.

있게 피력하기보다는 수많은 유혹 앞에서 힘들었던 기억을 진솔하게 편지에서 알린 것과 마찬가지다. 그가 사형 판결문에 서명을 마치고 나서 어머니에게 쓴 짧은 편지를 보면 마음이 몹시 약해서 순교의 결심을 못하고 있었다고 고백하고 있다. 이처럼 자신은 부족한 죄인이지만 하느님의 은총으로 비로소 순교할 결심을 하게 되었다는 고백은, "죄가 많은 곳에는 은총도 풍성하게 내렸습니다."(로마 5,20)라는 말씀처럼 자신의 부족함만 탓하면서 자학하는 것이 아니라 하느님 자비에 자신을 내어 맡기는 모습이다.

마찬가지로 이경도는 어머니에게 자식 노릇을 못해 왔던 것에 대한 반성과 남은 가족들에 대한 미안한 감정을 편지의 여러 곳에서 표현했다. 이는 그가 불효했거나 큰 잘못을 저질러서가 아니라 신앙 안에서 살다 보니 모든 것이 다 하느님 은총의 소치였고, 자신은 그만큼 부응하지 못했다고 느끼는 깊은 겸손함의 표출이다.

이처럼 홀어머니와 가족을 남겨 둔 채 순교를 해야 하는 상황이었기에 인간적으로는 어머니에 대한 불효에 가슴 아파했

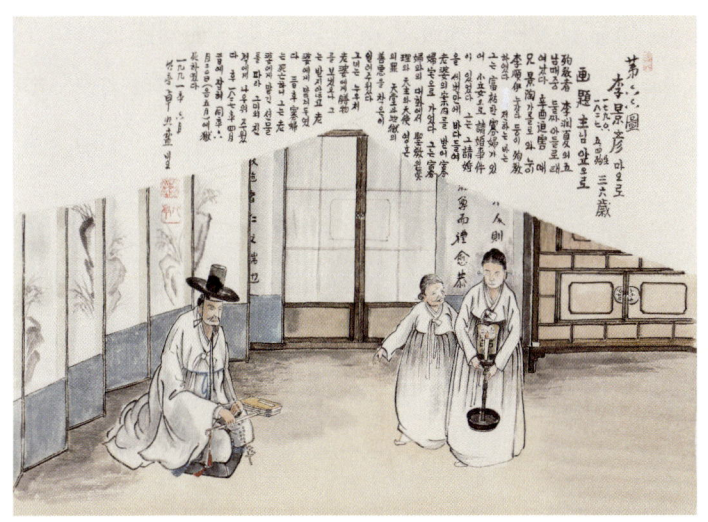

과부에게 권면하는 이경언 바오로, 탁희성 비오 작, 절두산 순교 성지 소장.

다. 하지만 여기에 그치지 않고 무엇보다 주님을 뜨겁게 사랑하는 것(熱愛)이 주님과 소통할 수 있는 길이라는 확신을 전했다.

> 사소한 육친의 정을 이야기하고, 이러저러한 말씀을 드려서 죄송스럽습니다. '열애'라는 두 글자를 드립니다. 주님을 열심히 사랑하시는 일밖에는 주님과 통할 길이 없으니, 그 일만이 소원을 이루기에 합당한 일입니다.[80]

---

80. 이태영, 〈이경도 가롤로가 옥중에서 어머니에게 보낸 편지〉, 《동정부부 순교자 이순이 루갈다 옥중편지》, 72쪽.

그가 남긴 편지의 내용이 많지 않기에 그에 대해 자세히 알 수는 없다. 하지만 바로 아래 여동생 루갈다와 함께 같은 어머니 밑에서 성장했고 같은 시기에 순교해서 여동생과 여러 면에서 비슷한 모습을 보여 준다.

동생 이경언 바오로

복자 이경언(1792~1827년) 바오로는 큰형 이경도보다 열두 살이나 어리고 누나 이순이보다는 열 살이나 어린 동생이며 이순이가 시집가던 1797년에 대여섯 살의 어린아이였기에 함께 자랐다고 하기 어렵다. 순교 역시 형과 누나보다 25년이나 지난 정해박해 때 했기에 다른 세대라고도 할 수 있다. 그러나 순교한 세 남매 가운데 가장 많은 양의 편지와 기록을 남긴 사람은 바로 막내 이경언이다.

시대의 흐름에도 불구하고 그의 편지들을 보면 신유박해 순교자인 형과 누나와 거의 비슷한 정신과 영성을 지녔음을 알 수 있고, 이를 통해 집안 분위기와 어머니 권씨의 영향을 짐작하게 된다. 무엇보다 그가 태어난 다음 해(1793년)에 아버지 이윤하가 죽었기 때문에 누구보다 어머니의 영향을 많이 받았을 것이다. 특히 그가 옥중에서 쓴 편지에서 "오냐! 따르리라. 진실로 누님이 데리러 오는 것이구나."[81]라고 말한 것으로 보아, 함께 자라지는 않았지만 누나의 훌륭한 삶의 모범은 그에게 커다란 영향을 끼쳤음을 짐작할 수 있다.

이경언은 누나와 형이 순교한 이후인 열 살 무렵부터 집안이 관직에서 추방당하고 몰락해 궁핍한 삶을 살게 되었다. 게다가 달레 신부의 글에서 알 수 있듯이, 까다로운 성격의 부인과 함께 살면서 힘겨운 부부 생활을 했으며, 속병으로 고통을 겪었다. 하지만 늘 성경을 열심히 읽었고, 교우 가정 방문과 교리 교육, 냉담자 회두, 전교 등에 힘썼다. 편지 내용을 보면, 그는 자기 자신을 들여다보는 성찰을 열심히 했고 지극히 겸손한 자세로 삶을 영위했다. 그뿐만 아니라 교회 서적 필사와 상본 그리기를 통해 생계를 이었고, 또 그것을 다른 이들에게 나눠 주기도 했다. 무엇보다 극심한 고문에도 끝까지 배교하지 않고 신앙을 증거하다가 1827년 36세의 나이에 전주옥全州獄에서 옥사했다.

---

81. 이태영, 〈이경언 바오로가 쓴 옥중 기록〉, 《동정부부 순교자 이순이 루갈다 옥중편지》, 81쪽.

이경언은 형과 누나에 비해 오래 살았기 때문에 그들에 비해 많은 전교 활동을 했으며, 무엇보다 덕스러운 삶과 하느님에 대한 열정으로 많은 이들을 하느님께 이끌어 줄 수 있었다.

그는 교우들 집을 순방하기를 좋아하며, 가히 그들의 지도자요 어버이라 불릴 만했다. 그는 냉담자에게 열심하라고 권고하며, 변론을 벌여 모든 교우들을 가르치고 격려하기에 힘썼고, 외교인들을 귀화시키는 일에 정력을 쏟기를 게을리하지 않았다. 낮에만 이런 열성의 일을 하는 것이 아니라 밤에도 몇 시간씩 그와 같은 일을 했으며, 비록 자기 자신이 어려운 처지에 있었으나 자기보다 더 가난한 사람들의 곤경을 덜어 주려는 노력도 했다.[82]

바오로는 항상 스스로 성찰하며, 사람들에게 혹 자기의 언행이 죄의 기회가 되지 않았느냐고 묻는 것이었다. 이렇게 훌륭한 모범이 다행히 그를 알게 된 사람들에게 인상을 남겨 주지 않을 리 없고, 또 저들에게 미치는 영향력이 매우 커서 냉담한 교우로서 그의 간절한 권고를 듣고도 못 들은 체하는 이는 극히 드

---

82. 달레,《한국천주교회사》中, 140~141쪽.

물었다.[83]

그는 어떤 순간에도 자신에 대한 자긍심으로 불타기보다는 부족함을 절실히 의식해 겸손함을 잃지 않았다. 예를 들어, "심문 중에 겁이 나서 기질했고 유혹이 심해 죽음과 삶 사이에서 주춤거리며 밤낮 괴로워했다."[84]라며 형과 누이처럼 자신의 부족함을 솔직하게 표현했다. 또한 편지글을 보면, 일관되게 자신의 한없는 부족함과 부덕함을 탓하고 반성하는 내용으로 가득 차 있다. 특히 형과 형수와 누이의 덕을 추켜세우고 그들에 대한 고마움과 미안한 마음을 표현하며 그들의 처지를 걱정해 주면서도 이들에 비해 자신은 턱없이 부족하다고 고백하는 내용들은 그의 몸에 밴 깊은 겸손을 보여 준다. 순교의 영광을 앞에 두고 영웅심에 불탈 수도 있었겠지만, 영원한 삶을 준비하는 상황에서 자신의 부족함과 하느님의 크신 은총을 더욱더 분명하게 의식했던 것이다. 자신이 죄인이라는 강한 자각에는 자학의 요소는 조금도 보이지 않으며 오히려 하느님의 은총과 섭리에 대한 강한 확신을 드러낸다.

---

83. 달레, 앞의 책, 141쪽.
84. 이태영, 〈이경언 바오로가 쓴 옥중 기록〉, 《동정부부 순교자 이순이 루갈다 옥중편지》, 93~94쪽 참조.

그러나 한편으로 내 죄가 무수하다면 또 한편으로는 천주의 자비도 끝이 없으니 이것이 내 오직 하나의 희망이오. 내 힘만 가지고는 한 순간이라도 꿋꿋이 견디지 못했을 거요. 참말이지 모든 일에 있어서 우리 힘은 아무것도 아니고 천주의 보호하심이 모든 것을 이룬다는 것을 지금이야말로 그 어느 때보다도 인정하오. …… 주님 대전에서 영원히 다시 만납시다.[85]

또한 그는 누나 루갈다처럼 모든 것을 하느님의 거룩하신 뜻으로 바라보고 이를 따르는 것이 가장 중요하다고 아내에게 밝힌다.

간절히 부탁하니 모든 일에 천주 성의聖意를 따르고 지난 모든 일을 뉘우치고 이 세상을 일장춘몽으로 알고 영원한 나라를 당신의 참 본향本鄕으로 여기시오. …… 이제야 겨우 깨달았소마는 아무리 작은 일이라도 모두 천주의 성의에 달렸고, 사람들이 계획하는 바는 허사에 지나지 않소.[86]

(아들딸들에게) 천주의 성의를 충실히 따르고 어머니께 효도의

---

85. 김진소, 《이순이 루갈다 남매 옥중편지》, 79쪽.
86. 김진소, 〈이경언 바오로가 어머니와 가족에게 보낸 편지〉, 《이순이 루갈다 남매 옥중편지》, 73쪽.

본분을 지키도록 하여라.[87]

갑자기 이별을 하여 이 세상에서 다시는 만나지 못하게 되었으니 천주의 성의가 이루어지이다. …… 당신으로 말하면 만약에 모든 일에 천주의 성의에 복종하고 주님의 벗이 된다면 그것이 참된 행복이 아니겠소.[88]

누이 루갈다는 그래도 같은 뜻을 지닌 거룩한 동반자를 남편으로 두었지만 이경언은 까다롭고 교감할 수 없는 아내를 두었기에 그가 겪은 어려움이 적지 않았으리라고 짐작해 볼 수 있다. 하지만 편지 어디에도 아내에 대한 불평과 불만을 찾아볼 수 없으며 오히려 자신의 잘못을 용서해 달라는 마음이 담긴 겸허한 표현을 한다.

그리고 아내여, 나를 용서하고 또 용서하여 주시오. 나와 같은 나쁜 남편은 다시 없으며 내가 당신에게 잘못한 것은 이루 글로 다 쓰지 못할 거요. 13년을 같이 사는 동안 나는 한시도 당신의 마음을 이해하지 못했고 그저 당신에게 근심 걱정만 끼쳤

---

87. 김진소, 앞의 책, 74쪽.
88. 김진소, 〈이경언 바오로가 아내에게 보낸 편지〉, 《이순이 루갈다 남매 옥중편지》, 77쪽.

을 뿐이오.[89]

내 일평생의 행동과 수많은 죄를 생각해 볼 때 당신에 대해서 잘못한 모든 것을 특히 뉘우치오. 용서하여 주시오. 내가 죽은들 당신을 잊을 수가 있겠소.[90]

매사에 하느님의 섭리와 뜻을 찾는다고 해서 일상에서의 본분을 잊은 적이 없던 그는 자식들에게 쓴 편지에서 효도와 사람에 대한 공경의 중요성을 일깨워 준다.

내 아들딸들아, 내가 주의 은혜로 너희들의 아버지가 되었다마는 …… 천주의 성의를 충실히 따르고 어머니께 효도의 본분을 지키도록 하여라. 다른 모든 사람들에게 대하여도 공손하고 사랑하는 마음을 가져라.[91]

이순이와 이경도와 이경언은 단순히 순교자라는 면에서만 닮은 것이 아니라 같은 부모 밑에서 자랐고 특히 어머니의 신앙 양성을 받아 왔기에 세대의 차이에도 불구하고 영성과 성

---

89. 김진소, 《이순이 루갈다 남매 옥중편지》, 72쪽.
90. 김진소, 위의 책, 77쪽.
91. 김진소, 앞의 책, 74쪽.

품에 있어서 상당히 유사한 면들을 보여 준다. 무엇보다 착하게 살았던 이들이 한결같이 자신들이 가장 큰 죄인이라고 강하게 자각하는 것은 루갈다가 언니들에게 당부한 것처럼, 작은 허물이라도 큰 허물처럼 살펴서 큰 죄를 지은 것처럼 깊이 뉘우치기 위한 것이다.[92] 이들은 자신의 부족함을 고백하는 데서 그치지 않고 하느님의 은총에 자신들을 온전히 내어 맡겨졌으며, 크고 작은 모든 것들을 하느님 사랑의 섭리로 바라보았다.

외종사촌 권천례 데레사

루갈다가 어머니 권씨 부인에게 받은 교육과 양성은 외가의 전통에서 많은 영향을 받았다는 것을 앞에서 살펴보았는데, 루갈다의 외종사촌들의 삶도 이를 뒷받침해 준다. 대표적인 예로 권씨 부인의 친정 오빠인 권일신의 이른 죽음으로 남겨진 사 남매 가운데 복녀 권천례(1784~1819년) 데레사 역시 동정부부의 삶을 살았다는 것을 들 수 있다. 이로 보아 이순이 루갈다가 동정으로 자신을 온전히 봉헌할 수 있었던 데에는

---

92. 이태영, 〈이순이 루갈다가 친언니와 올케 보낸 편지〉, 《동정부부 순교자 이순이 루갈다 옥중편지》, 51쪽 참조.

조숙 베드로와 권천례 데레사,
이숙자 세실리아 작, 2010, 양근 성지.

하느님의 섭리와 함께 어머니 권씨 부인의 친정 집안에서 공유한 이상적인 천주교적 가치가 있었다는 것을 알 수 있다.

이들의 아버지 권일신은 유배지로 떠나기 전에 고모인 권씨 부인의 집에서 지내다가 그곳에서 죽음을 맞이할 정도로 서로 왕래가 있었고 많은 것을 공유하던 사이였다. 게다가 권천례 데레사는 아버지 권일신이 죽었을 때 열 살 남짓이었으므로 고모인 권씨 부인의 영향을 받았을 가능성이 크며, 루갈다보다 두 살 아래였기에 고종사촌 언니와 함께 집안의 신앙과 동정에 대한 남다른 이해를 공유했을 것이다.

권천례 데레사는 《칠극》에서 예찬하는 체칠리아의 경우처럼 첫날밤에 남편을 설득해 15년이라는 긴 기간 동안 동정의 삶을 함께 살았다. 데레사의 귀감에 감화를 받고 열심히 신앙생활을 하던 남편 복자 조숙(1786~1819년) 베드로는 루갈다의 막냇동생이자 자신의 사촌 처남인 이경언에게 신앙을 전해 주었으며[93] 그에게 성화를 그려 달라고 부탁했다는 기록이 있다. 이처럼 두 가문은 서로 영향을 주고받으면서 성장했다.[94]

무엇보다 가정에서 교육과 관계의 중요성을 일관되게 강조한 것을 보면, 그녀와 형제자매들 모두가 수준 높고 깊이 있는 인성 교육을 받았음을 짐작할 수 있다.

---

[93] 이태영, 〈이경언 바오로가 쓴 옥중 기록〉, 《농정부부 순교자 이순이 루갈다 옥중편지》, 77쪽. "형님이 신유辛酉년에 이 일로 죽고, 어려서 약간 들었는데, 중간에 이미 처형당한 조숙趙淑을 사귀어 일 년 남짓 배워 마음속 깊이 스며들어 있습니다."

[94] 달레, 《한국천주교회사》 中, 90쪽 참조. 이 루갈다의 남동생인 이경언의 편지에 의하면, 이경언은 조숙 베드로와 여러 해 동안 연락을 주고받은 사이로, 조숙이 이경언에게 성화聖畵를 그려 달라고 부탁한 것으로 보아, 양쪽 집안의 교류가 있었음이 분명하다.

3. 가톨릭 서적의 영향

　앞에서 살펴본 바와 같이, 동정부부가 흐트러짐 없이 자신을 온전히 하느님과 사람들에게 내어 주면서 깊은 영성의 삶을 영위할 수 있었던 것은 두 사람 모두 가정에서 모범적 신앙을 전해 받은 덕분이었다. 무엇보다 동정부부가 살던 시대에는 성직자의 부재로 인해 제대로 된 성사를 받을 수 없었기 때문에 한문이나 한글로 된 가톨릭 서적들이 이들의 신앙 양성에 커다란 영향을 끼쳤다. 이들은 집안에 전해 내려오는 가톨릭 서적을 읽거나, 빌린 책을 베껴 적어 읽고 묵상함으로써 신앙을 구체적으로 키워 나갔다.

1) 가톨릭 서적을 통한 신앙 전파

한국 천주교회 성립기에 일부 진보적 지식인들이 천주교에 관심을 갖기 시작했을 때, 그 매개체는 바로 한문 서학서西學書들이었다. 조선 후기 천주교 신앙은 한문 서학서들을 통해 전파되기 시작했고, 한글 번역본의 등장으로 더욱 확산되었다. 특히 일반 사람들을 위해 한글로 번역된 교리서나 신심 서적이 한문으로 된 것보다 많을 정도였다.

루갈다의 오빠 이경도도 포도청에서 '집안에 마침 사서邪書가 몇 권 있어서 여러 해 동안 스스로 읽다가 점점 깊이 빠지게 되었다'[95]고 진술했다. 이는 남동생 이경언 바오로의 신문기에서도 볼 수 있다. 이경언이 내놓을 책이 없다고 하자 관장은 무식한 상놈들도 책을 삼사십 권씩 다 가지고 있다고 반박하는 내용[96]만 보더라도 한글본 가톨릭 서적들은 천주교가 서민들에게 전파되는 데 있어서 중요한 역할을 담당했음을 알 수 있다.

---

95. 조광, 《역주 사학징의》 I, 240~241쪽 참조, 제3장 사형 죄인 문서철.
96. 이태영, 〈이경언 바오로가 쓴 옥중 기록〉, 《동정부부 순교자 이순이 루갈다 옥중편지》, 80쪽 참조.

이는 〈신미년에 조선 천주교 신자들이 교황께 보낸 편지〉에서 구체적으로 드러난 사실이다.

> 저희들은 아주 작은 나라에 사는 사람들인데, 처음에는 책을 통하여 거룩한 교리를 배움으로써, 그리고 그로부터 10년 후에는 처음으로 일곱 성사의 은혜를 받음으로써 천만다행으로 성화될 수 있는 행복을 누리게 되었답니다.
> 저희들도 성교회의 책들을 몇 권 읽었사옵니다. 그런데 성교회가 온 천하에 전파되기는 했지만, 이렇듯 사제에 의해서가 아니라 오로지 책을 통해서 성교회의 도리를 찾아 구한 것은 우리나라뿐이옵니다.[97]

이처럼 동정부부를 비롯한 당시 신자들이 성직자도 없는 상황 속에서 신앙을 가꾸어 나갈 수 있었던 것은 가톨릭 서적을 통해 교회의 가르침을 알고 살았기 때문이다.

---

[97]. 윤민구, 〈신미년에 조선 천주교 신자들이 교황께 보낸 편지(SC Cina 3, 837~838)〉, 《한국 초기 교회에 관한 교황청 자료 모음집》, 200~201쪽.

2) 조선 정부의 가톨릭 서적 색출 작업

이러한 현상으로 인해 당시 조선 정부는 신앙의 확산을 막기 위해 가장 빠른 수단이 가톨릭 서적을 없애는 것이라는 결론을 내렸고, 이는 《조선왕조실록》에도 상세하게 언급되어 있다. 가톨릭 서적 문제가 끊임없이 제기된 것은 당시 사람들이 박해 가운데에서도 가톨릭 서적들을 통해 신앙을 알게 되고 신심을 키워 나갔기 때문이다.

> 그러다가 달포 전에 전 승지 이수하가 호서에서 상경하여 신의 집에 머물렀는데, 서학에 말이 미치자 신에게 근심하고 탄식하며 말하기를 '우리 고향에는 이런 근심이 더욱 심하다. 베낀 책들을 집집마다 감추어 두었을 뿐만 아니라 간간히 활자로 인쇄한 책도 있다 한다.' 했습니다.[98]
>
> 시일이 조금 오래되자 그 단서가 점점 성하여 서울에서부터 먼 시골에 이르기까지 돌려 가며 서로 속이고 유혹하여 어리석은 농부와 무지한 촌부까지도 그 책을 언문으로 베껴 신명神明처

---

98. 조광,《조선왕조실록의 천주교사 자료 연구》, 한국 순교자 연구 1, 한국순교자현양위원회, 1997, 51쪽: 제1장 신해박해 이전 천주교사 사료(1784~1791): 정조실록 33권 15년 11월 3일(갑술) / 이승훈·권일신 문초.

럼 받들면서 죽는다 해도 후회하지 않으니, 이렇게 계속된다면 요망한 학설로 인한 종당의 화가 어느 지경에 이를지 모르겠습니다.⁹⁹

그래서 조선 정부는 이들이 가톨릭 서적들을 중국으로부터 수입해 왔는지, 이를 직접 간행했는지, 읽었는지, 베꼈는지, 전해 주었는지, 소유했는지를 조사하면서 이를 색출해 불태워 없애 버리려는 데 심혈을 기울였다. 처음에는 중국을 드나드는 역관을 통해 가톨릭 서적이 유입된다고 보았기에 이들을 단속하면 될 줄 알았다.

서양의 책들이 처음으로 관상감의 역관 무리들로부터 흘러 들어오기 시작한 지 여러 해가 되었는데, 백성들을 속이는 일이 날로 심해지고, 그것을 믿는 무리들이 많아졌습니다.¹⁰⁰
천주교의 요술이 나라 안에 유입되어 민심을 미혹시킬 염려가 없지 않으니, 청컨대 역관을 엄중히 신칙하고 금조를 만들어

---

99. 조광, 앞의 책, 23쪽: 제1장 신해박해 이전 천주교사 사료(1784~1791): 정조실록 26권 12년 8월 2일(신묘) / 이경명李景溟 서학 금지 상소.
100. 조광, 앞의 책, 21쪽: 제1장 신해박해 이전 천주교사 사료(1784~1791): 정조실록 19권 9년 4월 9일(무자) / 유하원柳河源 서학 금지 상소.

> 요사한 서책書冊을 무역해 오는 폐단을 끊으소서.[101]

그러나 책을 베끼면서 천주교가 전국적으로 급속하게 확산된다는 사실을 알고는 이를 찾아내 불태웠고 이로써 문제가 해결될 것으로 여겼다.

> 그것을 믿는 자들을 정상적인 사람으로 전환시키고 그 책을 불살라 버린다면 금지할 수 있을 것이다.[102]
>
> 권상연, 윤지충의 사건은 …… 그 학설을 금하려면 먼저 그 서적을 불태워야 합니다. 그 서적이 없어지면 사도邪道가 사라질 것입니다.[103]
>
> 현재 성명聖明께서 나라를 다스리시면서 세속을 교화시키는 모든 방면에 있는 힘을 다 들이시지만 저들 별종의 사학 무리는 서울에서부터 시골까지 불길이 번지듯 번져 가고 있으니, 그 근원을 막고 그 사람을 올바른 사람으로 만드는 길은 그 책을 태워 버리는 것보다 좋은 것은 없습니다. 신의 견해로는 방리坊里

---

101. 조광, 앞의 책, 22쪽: 제1장 신해박해 이전 천주교사 사료(1784~1791): 정조실록 23권 11년 4월 27일(갑자) / 이사렴李師瘇 서학 금지 상소.
102. 조광, 앞의 책, 24쪽: 제1장 신해박해 이전 천주교사 사료(1784~1791): 정조실록 26권 12년 8월 3일(임진) / 비변사 서학 문제 논의.
103. 이만채, 《신완역 벽위편》, 권이, 138쪽, 대사간 권이강權以綱의 상소上疏.

로 하여금 진서眞書나 언문으로 베껴 쓴 책들을 전부 거두어 태
워 버리게 하는 것이 좋습니다.[104]

이처럼 신앙생활을 자유롭게 할 수 없었던 시절이었기에
당시 신자들이 신앙에 관한 기본 교리 및 지식을 습득하고 신
앙생활을 심화시켜 나가는 데 있어서 가톨릭 서적들의 영향은
지대한 것이었다.

3) 《천주실의》와 《칠극》

달레 신부의 《한국천주교회사》를 보면 당시 주요 인물들이
마태오 리치(1552~1610년)의 《천주실의》와 판토하(1571~1618년)
의 《칠극》과 같은 서적들을 거의 외워 환히 알 정도로 즐겨 읽
었다고 밝힌다. 여러 신심 및 교리 관련 서적들 가운데 이 두
책의 비중은 매우 크다고 볼 수 있다.

---

104. 조광, 《조선왕조실록의 천주교사 자료 연구》, 171쪽: 제1장 신해박해 이전 천주교사 자료(1784~1791): 정조실록 54권 24년 5월 22일(계묘) / 권한위權漢緯 사학 금압 상소.

달레 신부는 또한 강학에서 검토된 서학 서적들 중에는 종교에 관한 초보적 개론서도 몇 가지 있었는데, 그것은 하느님의 존재와 섭리, 영혼의 신령성과 불멸성 및 칠죄종을 그와 반대되는 덕행으로 극복함으로써 행실을 닦는 방법 등을 다룬 책들이었다고 기록했다. 이 내용을 미루어 보아 그것은 《천주실의》와 《칠극》 등의 교리서를 가리킴이 분명하다.[105]

다른 예를 들자면, 한국 최초의 순교자이자 유항검의 이종사촌 동생인 윤지충(1759~1791년)이 1791년에 감사로부터 질문을 받았을 때 자신은 정약전의 집에서 《천주실의》와 《칠극》이라는 책 두 권을 빌려 와 집에서 베낀 다음 되돌려 주었다고 답했다. 또한 여기에서 그치지 않고 책의 내용을 연구하고 묵상한 다음 이를 진지하게 실천했다고 밝혔다.[106] 그는 감사 앞에 소환되어 천주교 교리의 간단한 요약을 요구받았을 때, "우리가 실천하는 것은 《천주실의》와 《칠극》으로 요약됩니다."라고 대답할 정도였다.[107]

---

105. 달레, 《한국천주교회사》 上, 302쪽 참조.
106. 조광, 《조선왕조실록 천주교사 자료 모음》, 61쪽 참조; 제1장 《신해박해 이전 천주교사 사료》(1784~1791); 《정조실록》 33권 15년 11월 7일(무인) / 윤지충 · 권상연 공술.
107. 다블뤼, 《조선 주요 순교자 약전》, 2~13쪽 참조; 한국천주교 주교회의 시복시성주교특별위원회, 《하느님의 종' 윤지충 바오로와 동료 123위 - 시복 자료집》 제1집 30~31쪽.

윤지충의 외종사촌 형이자 윤지충의 영향으로 신자가 되었던 권상연(1751~1791년) 역시 어떤 책들을 공부했느냐는 감사의 질문에 윤지충으로부터 《천주실의》와 《칠극》을 빌려 와 이를 배웠다고 답했다.[108] 군수가 이들을 불러 두 책에 대해 물었을 때, 그들은 이를 암송할 정도로 꿰고 있었다.[109]

윤지충의 고종사촌 형인 정약전(1758~1816년)도 1784년 광암 이벽에게 천주교 교리를 듣고 그에 반해 이벽을 따라 《천주실의》와 《칠극》 등을 읽고 천주교에 넋이 빠졌다고 밝혔다.[110]

4) 《칠극》과 동정부부

유중철과 이순이의 집안에서는 가톨릭 서적을 읽는 것이 일반화되어 있었고, 그중에서도 앞에서 말한 두 권의 책을 자

---

[108] 다블뤼, 앞의 책, 2~13쪽 참조; 한국천주교 주교회의 시복시성주교특별위원회, 앞의 책, 36~37쪽 참조; 달레, 《한국천주교회사》 上, 343, 350쪽. 62p, 17. 정조실록 33권 15년 11월 7일(무인) / 윤지충 · 권상연 공술.
[109] 다블뤼, 앞의 책, 2~13쪽 참조; 한국천주교 주교회의 시복시성주교특별위원회, 앞의 책, 38~39쪽 참조.
[110] 김진소, 〈윤지충 · 권상연 다시 보기〉, 한국 최초의 순교자 - 시성에 즈믐한 윤지충 · 권상연 학술 심포지엄, 전동 천주교회 윤지충 · 권상연 현양 위원회, 2010, 25쪽 참조.

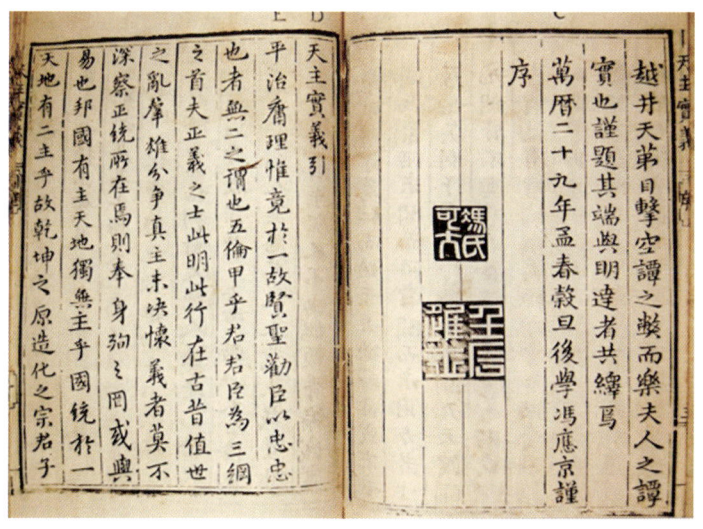

《천주실의》.

주 접했음을 알 수 있다.

유 요한의 집안으로 보자면, 아버지 유항검의 외종사촌 형인 권상연과 이종사촌 동생인 윤지충이 《천주실의》와 《칠극》이라는 책을 열심히 읽었고 이로부터 많은 영향을 받았다는 기록이 나와 있다.

이 루갈다의 집안에서는 《순조실록》에 나오는 사학죄인 정법 내용이 밝혀 주듯이, '오빠인 이경도의 인척과 접촉하는 모

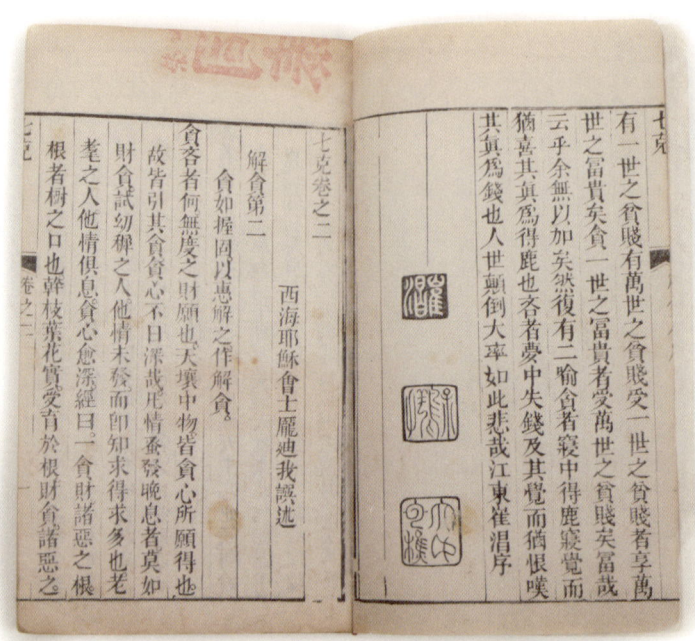

《칠극》, 절두산 순교 성지 소장.

든 이들이 가톨릭 서적을 강하게 믿었으며, 작은 외삼촌인 권일신의 아들 권상문은 가톨릭 서적을 따라 배웠다'[111]는 말이

---

111. 조광, 《조선왕조실록 천주교사 자료 모음》, 330쪽 참조. 제1장 신해박해 이전 천주교사 사료(1784~1791): 순조실록 3권 1년 12월 26일(무진) / 사학죄인 정법. "죄인 이경도는 이윤하의 아들이고, 권철신의 생질이며 이순이의 오라비인데, 연관된 인척과 접촉하는 종족宗族이 모두 사학의 무리로서 요서를 혹독하게 믿었고 사당을 주무하였습니다. …… 죄인 권상문은 권일신의 아들로서 사서를 따라 배우다가 그 아비가 죽은 뒤로 인하여 고혹되었는데, 모두 요사스러운 말과 요사스러운 글을 선전하여 뭇사람들을 미혹시킨 것으로써 결안정법結案正法하였으며, 살아 있는 외도의 사람은 각각 해당 고을로 압송하여 형벌을 행하게 하였습니다."

나와 있다. 루갈다의 남동생인 이경언 바오로는 신문 중에 관찰사가 배운 것을 말해 보라고 하자 "십계와 칠극을 알고 아침저녁으로 주님께 비는 경을 외울 줄 압니다."[112]라고 답했다. 이로 미루어 보아, 《칠극》 등은 양쪽 집안 모두에게 커다란 영향을 끼친 서적들이었다는 것을 알 수 있다.

특히 이 두 권의 책은 동정의 중요성과 고귀함을 강조했기에 당시 이 책을 접하는 사람들이 동정을 지키고 정결한 삶을 사는 데 지대한 영향을 끼쳤다.

먼저 《천주실의》를 보면, 천주교에서 독신 문제는 계율이 아니라 자발적으로 선택해 지키는 것이라면서, 식욕과 색욕을 극복하고 정도를 사방에 펴기 위해 불혼不婚이 효율적이라고 했다. 평생 독신으로 살면서 동정을 지키는 것에 대한 질문에, 이는 사람의 힘으로는 어렵고 하느님이 원하시는 사람만이 지키도록 하셨다고 말했다. 그리고 혼인이 복음을 전하는 데 어떤 장애가 되느냐는 질문에, 결혼하지 않으면 한결같은 마음

---

112. 이태영, 〈이경언 바오로가 쓴 옥중 기록〉, 《동정부부 순교자 이순이 루갈다 옥중편지》, 83쪽.

으로 더 수월하게 다른 이들에게 다가갈 수 있다고 답했다. 이와 같은 이유로 하느님의 뜻을 받들어 사람을 사랑하고 세상을 구원하는 일에 힘쓸 이들은 두 가지 유혹인 재물과 색욕에서 자유로워야 한다고 주장했다.[113] 동정부부는 외적으로 혼인했지만 위의 내용처럼 자발적인 동정의 삶을 살았으며, 이는 하느님의 도우심으로 가능한 것이었다.

특히 1614년 판토하가 간행한 천주교 윤리서이자 수행서修行書인 《칠극》은 당시 조선 천주교 신자들에게 널리 보급되어 윤리 생활을 이끌어 주고 수양의 길을 가르쳐 준 대표적 서적이었으므로 동정부부의 영성을 가장 잘 살펴볼 수 있는 사료라 할 수 있다. 판토하가 동정의 가치를 특히 강조하는 《칠극》을 통해 그들은 동정에 대한 열망을 키워 나갔다. 이 밖에도 루갈다가 가장 좋아하는 성인이 동정 순교자인 아가타 성녀라고 한 것처럼 수많은 성인전을 읽고서 동정을 지키며 그들을 본받으려 했다.

---

113. 마태오 리치 저, 송영배 외 5인 역, 《천주실의》, 서울대학교출판부, 1999, 下권 제8편 394~413쪽.

《칠극》에서 판토하가 동정에 관해 극찬한 내용들은 루갈다의 편지에서 직접적으로 찾아볼 수 있다. 동정이야말로 최고의 정덕임을 강조하기 위해 저자는 실제로 동정을 지키며 산 부부들의 예를 들었는데, 《칠극》에 등장하는 요한은 첫날밤에 아내를 설득해 동정부부로서의 삶을 살았으며,[114] 체칠리아 역시 첫날밤에 남편을 설득시켜 동정부부의 삶을 살았다고 하면서,[115] 부부의 연을 맺었지만 동정의 삶을 살았던 이들의 삶을 칭찬했다. 요한과 루갈다는 둘 다 처음부터 자발적으로 동정의 삶을 원했기에 상대방을 설득시킬 필요가 없었지만, 체칠리아의 예는 조숙 베드로와 권천례 데레사 부부에게 상당한 영향을 끼쳤을 것이다.

또한 루갈다가 관비로 보내졌을 때, 동정을 지키기 위해 하느님께 순교하게 해 달라고 기도하고 관헌들에게 사형시켜 달라고 요구한 것 역시 《칠극》에서 찾아볼 수 있는 내용이다.

> 그들은 정덕을 목숨보다도 중하게 여겼다. 그래서 (그들은) 만

---

114. 판토하 저, 박유리 역, 《칠극》, 일조각, 2005, 325쪽 참조.
115. 판토하, 위의 책, 366쪽 참조.

> 약 동정을 지키기 위해서 목숨을 내어놓아야 할 때를 만나면, 차라리 목숨을 버리더라도 (그들의) 동정은 반드시 지켰다.[116]

위에서 끝나지 않고, 정결의 세 등급에서 동정의 몸을 지키는 정결이야말로 가장 위에 위치한다고 했는데,[117] 《칠극》에서 말하는 동정은 단지 육체에 관련된 것이 아니라 삶 전체에 관한 것이며, 이것이야말로 루갈다가 살아온 정덕이라 할 수 있다.

> 몸이 비록 정결하다고 하더라도 아직까지 정덕이라고 할 수 없다. 곧 마음도 정결하고, 듣고 보는 것도 정결하고, 말과 용모도 정결하고, 옷도 정결하고, 잠자리도 정결해야만 그제서야 정덕이라고 할 수 있다.[118]

여러 부분에 걸쳐 동정의 아름다움과 가치를 찬미하지만, 판토하는 혼인에 관해서 부부가 서로 대등하다며 오히려 죄로 기울어지는 사람의 경향을 탓했다. "하느님이 사람들에게 결혼을 하게 한 것은 (그들이) 부부가 되어서, 서로 돌보아 주고

---

116. 판토하, 앞의 책, 360쪽.
117. 판토하, 앞의 책, 353쪽.
118. 판토하, 앞의 책, 361쪽.

사랑해 주는 이로운 일을 가지게 하기 위해서였다."[119] 이는 동정부부가 혼인의 가치와 아름다움을 알고 말하는 부분과 일맥상통한다.

이처럼 정결을 강조하는 이유는 그 자체에 대한 강조보다는 "정결을 지키면 마음을 다해 덕을 닦고 하느님을 섬기게"[120] 되기에 정결이 하느님을 온전히 섬기는 도구가 된다고 보았기 때문이다. 또한 동정은 인간적 노력에서 오는 것이 아니라 오로지 하느님의 도움으로 가능하다고 말하는데,[121] 이러한 고백은 루갈다의 편지에서도 종종 찾아볼 수 있다.

이와 같이 동정부부를 비롯한 많은 이들이 동정의 삶을 살고 싶어 했던 것은 당시 가톨릭 서적들이 펼친 동정 생활에 대한 예찬에서 받은 영향이 컸기 때문일 것이다.

---

119. 판토하, 앞의 책, 372쪽.
120. 판토하, 앞의 책, 358쪽.
121. 판토하, 앞의 책, 359쪽 참조.

Ⅲ. 동정부부의 영성

전부이신 하느님께 전부를
정결한 자만이 사랑할 수 있나니
부부이자 오누이
초남이의 성가정
날로 커 가는 사랑
일상에서 주님을

Ⅲ. 동정부부의 영성

동정부부라는 말 자체가 상당한 모순을 띤다. 흔히 동정이면 부부일 수 없고, 부부이면 동정일 수 없는데 이들은 실제 동정이면서 동시에 부부였기 때문이다. 보통의 부부들이 영위하는 부부 관계와 자녀 출산을 하지 않았다는 점은 그들의 삶을 정적이고 정체된 것으로 보게 할 여지가 충분하다. 그러나 그들의 삶을 들여다보면, 최대한 관계를 맺지 않고 살아온 것이 아니라 하느님과 사람들 그리고 서로 간에 깊은 역동적 관계를 맺으며 살았음을 알 수 있다. 자신을 상대방에게 온전히 내어 주면서 서로 하나가 되는 것은 우리 모두에 대해 하느님께서 일하시는 방식이자 동정부부가 하느님과 사람들에게 다가서는 모습이었다.

이런 의미에서 동정부부의 영성을 추상적 개념들로 나누어 정리하지 않고, 하느님, 동정(정결), 부부, 가정, 이웃이라는 관계의 테두리에서 살펴보려 한다. 동정부부와 하느님의 관계는 그들의 영성의 열쇠이자 원천이라고 할 수 있고, 바로 이 관계 속에서 다른 관계들을 이해할 수 있을 것이다. 그리고 집중적으로 다루게 되겠지만 동정(정결) 역시 자신에게 모든 것을 주신 하느님께 자신을 온전히 되돌려 드리는 삶의 표현이기에 기꺼이 관계 속에서 바라볼 수 있는 부분이라 할 수 있다. 하느님과의 관계와 그들 서로 간의 인격적인 관계는 두 사람의 부부 생활 그리고 그들이 속한 가정과 이웃으로 확산되어 가는 모습을 취하게 될 것이다.

동정부부는 자신 안에 갇혀 지내면서 침체되고 활력을 잃을 수도 있는 삶의 양식 속에 살았다. 그러나 한계를 넘어 더 커다란 관계 속에서 자신의 진짜 모습을 찾으며 이 세상에서부터 자신을 온전히 내어 주는 삶을 풍요롭게 가꾸었다. 바로 그 점이 동정부부의 위대한 점이다.

이제 루갈다의 편지를 중심으로 동정부부가 우리에게 던져주는 메시지들을 하나씩 살펴보기로 하자. 이순이 루갈다와 달리, 유중철 요한은 어떠한 편지나 글도 남기지 않았기에 전적으로 루갈다의 입장에서 바라볼 수밖에 없지만, 동정부부의 삶은 함께 협력해야 가능한 삶이었기에 이를 통해 충분히 두 사람의 삶과 영성을 엿볼 수 있을 것이다.

1. 전부이신 하느님께 전부를

동정부부와 하느님

1) 하느님의 뜻에 자신을 내어 맡김

예수님께서는 하느님 아버지의 뜻을 이루기 위해 이 세상에 오셨고, 혹독한 고난과 죽음의 순간에도 하느님의 뜻에 순종하셨으며, 하느님의 뜻을 실천하는 이들이 바로 당신의 어머니요 가족이라고 말씀하셨다. 자신의 삶과 미래를 하느님의 손에 온전히 내어 맡기신 성모님은 카나의 혼인 잔치에서 포도주가 떨어졌을 때 무엇이든 예수님께서 시키는 대로 하라고 다른 이들에게 권하셨고 당신도 그러한 삶을 사셨다.

조선에 도착하는 다블뤼 신부, 페레올 주교, 김대건 신부, 상성규 안드레아 작, 갈매못 성지.

그러므로 한 사람의 거룩함을 판단하는 유일무이한 방법은 그가 얼마나 위대한 사업이나 놀라운 기적들을 행했는지가 아니라, 그가 하느님의 뜻에 얼마나 친밀히 순종하고 협력했는지를 알아보는 것이다. 성덕이라는 것도 결국 하느님의 뜻과 섭리를 따르면서 하느님과 하나 되는 데 있기 때문이다. 이렇게 내어 맡기는 것은 하느님께서 뜻하신 대로 쓰시도록 그분께 우리의 전 존재를 모두 맡겨 드리고 유순히 따르는 것이다. 이런 정신은 다블뤼 신부가 동양으로 떠나기 전에 부모에게 쓴 아래의 편지글에서 찾아볼 수 있다.

> 행복하십시오. 저는 하느님께서 제게 어떤 계획을 갖고 계시는지 모릅니다. 그러나 저는 은총의 도움과 제게 많은 관심을 갖고 있는 모든 사람들과 수도회의 공동체가 드리는 기도의 결합으로 제가 주님의 목소리를 놓치지 않기를…….[122]

그리고 조선에 입국하기 직전에 부모에게 기도를 청하는 편지에도 이러한 내용이 나와 있다.

> 그곳에서 우리가 얼마 동안이나 살아 있을 수 있을까요? 그건 하느님만이 아시지요. 그러니 그것은 중요하지 않습니다.[123]

주님이 섭리하신 모든 것에 감사드리는 루갈다는 어떤 상

---

122. 샤를 살몽, 《성 다블뤼 주교의 생애》, 165쪽.
123. 샤를 살몽, 위의 책, 245쪽.

황에서도 주님의 뜻을 따를 것을 가족들에게 당부한다. 옥중에서 친정어머니에게 쓴 편지에서 그녀는 자신에게 닥친 죽음에 슬퍼하지 말고 주님의 뜻을 따르라고 당부하고, 언니들에게도 역시 모든 일에 주님의 뜻을 따르라고 권고한다.

> 비록 이 딸자식이 죽는 지경에 이르러도, 너무 상심하여 주님의 각별하신 은혜를 배반하지 마시고, 부디 **마음 편히 순명**(安心順命)**하십시오**. 주님께서, 다행히 저를 버리지 않으시고 치명의 은혜를 주시거든 주님의 은혜에 감사하십시오.[124]
>
> 이 세상을 꿈같이 여기시고 영원한 세상을 고향으로 아시어, **아주 조심하여 순명하시다가** 이 세상을 떠나신다면, 보잘것없는 이 자식이 영원한 복락의 면류관을 쓰고 즐거운 복을 지닌 채, 어머님의 손을 붙들어 영접하여 함께 영원한 복락을 누릴 것입니다.[125]
>
> 죄를 짓지 않도록 자세히 살피고, **매사에 순명하여,** 마음을 편히 하십시오.[126]

---

124. 이태영, 〈이순이 루갈다가 어머니에게 보낸 편지〉, 《동정부부 순교자 이순이 루갈다 옥중편지》, 23쪽. 괄호 안 용어는 한자를 복원한 옥중 편지 원문의 것임.
125. 이태영, 위의 책, 24쪽.
126. 이태영, 〈이순이 루갈다가 친언니와 올케에게 보낸 편지〉, 《동정부부 순교자 이순이 루갈다 옥중편지》, 51쪽.

주님의 이끄심에 대한 강한 확신이 있기에 자신의 처지에 대해 불평하기보다는 언니들이 주님의 뜻에 순명하는 데에서 오는 위로를 누리기를 바라며 도리어 위로한다.

> **일마다 마음 편히 순명하시면,** 이 서러움을 주어 단련시키고자 하시던 주님의 뜻에 합당하게 되어, 주님께서는 반드시 사랑하시며 보살피실 것입니다.[127]

이처럼 매사에 주님의 뜻을 찾고 이에 응답하려는 자세는 바로 이들이 함께 동정을 살아간 이유라고 할 수 있다. 루갈다의 편지글에서 알 수 있듯이, 동정부부는 각자 그들이 속한 가정이나 형제자매들의 가정에 커다란 사랑과 존경을 표했고 이성에 대한 이끌림이 있는 건강한 젊은 남녀였다. 사회적인 면에서 볼 때 남부러울 것이 없는 가정에서 자라 온 그들이 굳이 동정부부의 삶을 택한 것은 가정이나 부부 생활을 꺼려서가 아니라 그보다 훨씬 더 큰 이상을 지녔기 때문이다. 그러한 이상이 단순히 인간적인 차원이었고 그들 나름대로의 야망과 계획이었다면 그들이 처했던 수많은 유혹들 앞에서 이미 무너지고도

---
127. 이태영, 앞의 책, 50쪽.

남았을 것이다. 그러나 루갈다가 고백한 것처럼, 그들의 삶을 이끌어 준 것은 바로 하느님의 뜻과 섭리였기에 숱한 어려움 속에서도 동정을 지키고 순교를 할 수 있었다. 하느님에 대한 그들의 순박한 사랑과 믿음은 그들로 하여금 모든 것을 다 내어 주시는 하느님께 자신들의 모든 것을 내어 드려 온전히 하나가 되고 싶은 원의를 심어 주었다. 그리하여 먼저 사랑을 베풀어 주신 하느님을 더 온전히 섬기고 싶은 마음은 당시 사회가 용인하지 않았던 동정의 삶으로 그들을 이끌어 준 것이다.

이처럼 모든 것을 희생해서라도 하느님의 뜻을 따르고자 하는 자세가 편지글에서 자주 나타나는데, 이는 하느님이 어떤 분이신지를 깨닫고 자신들이 하느님으로부터 무한한 사랑과 자비를 입었다는 확신이 있을 때에만 가능한 일이다.

그리고 매사에 하느님의 뜻을 찾는 것은, 무엇이든 내 느낌이나 마음을 따르라고 부추기는 현대의 흐름과는 아주 다른 것이다. 사람이 모든 것, 즉 사람이나 재물이나 명예나 권력을 자신의 마음대로 이용하고 싶은 유혹은 창세기 때부터 등장할 뿐만 아니라 인간 자체의 본능에 가깝다고 볼 수 있다. 심지어는 하느님까지 자신의 뜻이나 마음이나 의지대로 조종하고 싶어 하는 세상에서, 동정부부는 이를 거슬러 하느님의 뜻과 섭리에 자신들을 내어 맡김으로써 더욱 큰 사랑 안에서 살았다. 무엇이든지 주님이 원하시는 대로 사셨던 성모님의 귀감에 따라, 그들은 자신들의 선택이 하느님의 뜻과 사랑을 보다 올곧게 살기 위한 봉헌임을 알기에 육신의 유혹을 이겨 낼 수 있었다.

2) 일상에서 하느님의 뜻과 은총을 알아차리기

루갈다가 쓴 편지의 양은 많지 않지만, 내용을 보면 동정부부는 자신들의 성소뿐만 아니라 삶에서 일어나는 크고 작은 모든 사건들을 하느님의 섭리로 바라봤음을 분명하게 알 수 있다.

몇 가지 예를 들면, 〈이순이 루갈다가 어머니에게 보낸 편지〉에서 루갈다는 어머니에게 '어머니에 대한 그리움은 사무치지만 태어나고 죽는 것, 즉 모든 것이 주님의 뜻이니 어느 것에도 얽매일 필요가 없다'고 말한다.

어머니와 제가 서로 이별한 지 사 년 만에 이런 상황이 되어 그간의 회포를 풀지 못하니 망극한 정이야 오죽하겠습니까마는, 이것도 오직 주님의 뜻입니다. 우리에게 생명을 주심도 주님의 뜻이요, 목숨을 거두심도 주님의 뜻이니, 이런 일에 관심을 갖는 것은 오히려 우스운 일입니다.[128]

사람이 태어나고 죽는 것이 하느님의 뜻인 만큼 주님을 위해 목숨을 바치는 순교 역시 자신의 노력과 의지만으로 되는 것이 아니라 주님의 특별한 은총으로 가능하다고 보고 있다.

쓸데없는 자식이지만, 특별한 은총으로 치명의 결실을 맺는 날이 오면, 비로소 어머님께서도 기특한 자식을 두었다고 할 것이요, 저도 또한 떳떳한 자식이 될 것입니다.[129]

언니들 심정이야 오죽 괴롭겠습니까마는, 만일 치명의 은혜를 입는다면 서러워할 일이 없을 것이니, 서러워하지 마시고 즐거워하시기 바랍니다.[130]

---

128. 이태영, 〈이순이 루갈다가 어머니에게 보낸 편지〉, 《동정부부 순교자 이순이 루갈다 옥중편지》, 25쪽.
129. 이태영, 위의 책, 23쪽.
130. 이태영, 〈이순이 루갈다가 친언니와 올케에게 보낸 편지〉, 《동정부부 순교자 이순이 루갈다 옥중편지》, 47쪽.

제가 감히 치명을 한다면 그 기묘함을 어느 치명에 견주겠습니까? 다른 성인들은 마땅한 일이겠습니다만, 감히 우러러보아야 할 치명을 보잘것없는 이 몸에게도 허락하신다면 그런 황송한 일이 어디 있겠습니까?[131]

천주님의 은혜가 끝이 없어, 저를 저버리지 아니하시어 치명의 은혜를 얻고, 오라버님(이경도)도 그러하시면, 두 자식이 앞장을 섰으니 설마 아니 인도하시겠습니까?[132]

루갈다는 순교와 같은 극적인 상황 말고도 요한과 만나서 함께 살았던 것 역시 순전히 인간적인 희망이 아닌 하느님께서 주신 은총이라고 친정의 두 올케에게 쓴 편지에서 밝혔다.

해가 거듭될수록 원하였던 바가 뜻과 같이 이루어지니, 간절하고 애틋한 마음을 말하기로 하면, 저 사람도 또한 어릴 때부터 원했던 것이었어라! 우리의 만남은 두 사람의 소원을 천주께서 허락하신 특별한 은총이라! 서로 주님께 감사하며 은혜를 갚

---

131. 이태영, 앞의 책, 49쪽.
132. 이태영, 앞의 책, 56쪽.

는 길은 죽음으로밖에 없구나!¹³³

　더 구체적인 정황에서 보면, 동정의 은총을 주신 하느님께 보답하려고 순교하기를 간절히 원하던 루갈다가 관비로 끌려 가게 되었다가, 다시 잡혀 와 순교할 수 있게 되었을 때 이를 하느님의 은총 덕분이라며 감사드렸다.

> 길을 가면서 치명하고자 하는 바가 더욱 간절하더니, 백여 리를 겨우 나가다가 다시 끌어들이니 이는 더할 수 없이 극진한 은총이라. 어떻게 감사하여야 마땅할까? 부디 나 죽은 후에라도 주님의 은혜에 감사하십시오.¹³⁴

　이처럼 자신들의 삶과 모든 것들이 하느님의 뜻이라는 것을 확신하는 루갈다는 구체적인 삶의 상황에서 얻는 모든 도움이 바로 하느님의 은혜라는 것을 편지에서 표현했다. 그들이 육체

---

133. 이태영, 앞의 책, 40쪽. 루살다의 외종사촌 동생인 권친레 데레시 역시 동정의 삶을 하느님께서 주신 하나의 은총이자 선물로 바라본다. "죄 많은 내게 이미 천주께서 동정을 지키는 큰 은혜를 주시고자 하셨는데, 이제 또 순교의 은혜를 내리고자 하시니 이것은 너무나 과망한 일입니다. 어떻게 천주께 합당한 감사를 드릴 수 있겠습니까?"(달레,《한국천주교회사》中, 95쪽)

134. 이태영, 앞의 책, 43쪽.

의 유혹을 극복할 수 있었던 것도 그들의 인간적인 노력이 아니라 하느님께서 당신 뜻을 따르도록 주신 선물로 보았다. 《칠극》의 저자가 말하는 것처럼 "정덕은 하느님이 우리에게 내려 주지 않으면, 내 스스로 이르지 못하는 것"[135]이기 때문이다.

> 유혹이 심하여 동정 약속을 저버릴까 두려운 마음이 드는 것은, 마치 살얼음판을 걷는 듯하고 천 길 벼랑 끝에 서 있는 듯하구나! 유혹을 이겨 내고자 하늘에 간절히 기도하였더니, 주님의 도우심으로 가까스로 면하여 동정童貞을 보존하니, 서로 믿는 마음은 금석金石과 같고, 신뢰하고 사랑하는 마음은 태양처럼 확실해졌구나![136]

마찬가지로 요한이 배반하지 않았던 것 역시 하느님의 은총으로 보았다.

---

135. 판토하, 《칠극》, 359쪽.
136. 이태영, 〈이순이 루갈다가 친언니와 올케에게 보낸 편지〉, 《동정부부 순교자 이순이 루갈다 옥중편지》, 41쪽. 그녀의 사촌인 동정부부 권천례 데레사가 감옥에서 남편의 용기를 북돋아 주었으며 "나 같은 죄인에게 하느님은 일찍이 동정을 지킬 수 있는 너무나 큰 은혜를 허락해 주셨으며, 이제 그분께서 나를 순교의 은총에 불러 주시고자 하시니, 어떻게 거기 상응하는 감사를 드려야 할는지."라고 자주 말했다고 한다(다블뤼, 《조선 주요 순교자 약전》, 56~60쪽; 한국천주교 주교회의 시복시성주교특별위원회, 《하느님의 종' 윤지충 바오로와 동료 123위 - 시복 자료집》 제4집, 384~387쪽 참조).

주님을 배반한 자가 될까 하여 밤낮으로 염려하고, 눈물을 흘리며 함께 죽기를 청했더니, 뜻한 바가 이처럼 빨리 올 줄 어찌 알았으랴! 이는 매우 지극한 은총이로구나.[137]

이 밖에 〈신미년에 조선 천주교 신자들이 북경 주교에게 보낸 편지〉를 보면, 신문당할 때 이순이는 격양된 어조로 자신은 하느님의 뜻만을 따르기를 원하니 빨리 죽여 주기를 바란다고 말한 기록이 있다.[138]

매 순간 하느님의 뜻만을 따르고자 하는 자세는 사소한 순간들에서도 하느님의 섭리를 의식하게 해 주었고 낙담하게 되는 상황들 속에서도 감사드리는 마음을 품게 해 주었다.[139]

갈수록 은총이 충만하구나! 기쁨이 넘쳐, 모든 일에 마음이

---

137. 이태영, 앞의 책, 42쪽.
138. 윤민구, 《한국 초기 교회에 관한 교황청 자료 모음집》, 243쪽 참조.
139. 이는 루갈다의 남동생 이경언의 편지에서도 찾아볼 수 있다. "어제부터는 두려움이 적어지고 마음과 몸이 안정되니 이 어찌된 주님의 도우심인가?"(이태영, 〈이경언 바오로가 쓴 옥중 기록〉, 《동정부부 순교자 이순이 루갈다 옥중편지》, 89쪽) "내 아들딸들아, 내가 주의 은혜로 너희들의 아버지가 되었다마는 내 죄가 중하기 때문에 본분을 타당히 지키지 못하게 되었고"(김진소, 〈이경언 바오로가 어머니와 가족에게 보낸 편지〉, 《이순이 루갈다 남매 옥중편지》, 74쪽) "천주의 은총과 성모님의 도우심이 아니면 어찌 한시인들 견딜 수가 있겠습니까."(김진소, 〈이경언 바오로가 명도회 회원들에게 보낸 편지〉, 《이순이 루갈다 남매 옥중편지》, 84쪽)

쓰이지 않고, 거리끼는 생각도 없으나 다만 마음속으로 잊지 못하는 것은 옥중에 계신 오라버님 한 분뿐이로다!¹⁴⁰

반나절이 지난 후에 이것도 또한 은총인지 마음이 맑아지면서 '이 세상에서 쌓은 공덕이 전혀 없지 않으니 설마 아주 버리시랴!' 하는 생각에 마음이 풀어졌으나······.¹⁴¹

곤장으로 정강이를 때리며 한 차례 다스린 후 칼을 씌워 옥에 넣으니, 살이 터지고 피가 흐르다가, 한참이 지난 후에 아픔이 그치니 갈수록 은총이구나! 바라지도 아니하였는데 사오일이 지나면서 뜻밖에도 다 나았습니다.¹⁴²

3) 하느님의 뜻에 응답하는 자세

"언제나 기뻐하십시오. 끊임없이 기도하십시오. 모든 일에 감사하십시오. 이것이 그리스도 예수님 안에서 살아가는 여러분에게 바라시는 하느님의 뜻입니다."(1테살 5,16-18) 바오로 사

---

140. 이태영, 〈이순이 루갈다가 친언니와 올케에게 보낸 편지〉, 《동정부부 순교자 이순이 루갈다 옥중편지》, 36쪽.
141. 이태영, 위의 책, 38쪽.
142. 이태영, 앞의 책, 44쪽.

도가 테살로니카 사람들에게 한 위와 같은 권고를 동정부부는 그대로 삶으로 실천했다. 이는 하느님의 뜻이자 또한 그에 대한 동정부부의 응답이었다.

의탁

모든 것이 하느님의 뜻에 달려 있고 하느님의 은총으로 가능하다는 강한 확신은, 그들로 하여금 정적주의자[143]들처럼 그저 수동적으로 가만히 기다리게만 하지 않았고, 오히려 이를 위해 취해야 할 자세에 대해서도 생각하고 이를 적극적으로 행하게 했다. 그 가운데 하나는 하느님께 모든 것을 내어 맡기는 의탁의 자세다. 그들은 함께 순결한 삶을 살 수 있는 은총을 받았지만 실질적인 어려움이 컸기에 이를 이겨 내기 위해 무엇보다 자신들을 주님의 수난과 사랑에 온전히 의탁하고 성모님께 의지하고자 했다.

> 두 사람이 맹세하여 사 년을 친남매같이 지내는 도중에 십여 차례의 유혹에 빠질 뻔하다가, 주님의 성혈 공로에 의지하여 능

---

143. 영혼의 소극적 상태(정적), 즉 인간의 노력을 억제하면 하느님의 활동이 온전하게 펼쳐질 수 있는 상태에 이름으로써 완전하게 된다는 주장을 믿고 행하는 이들. – 편집자 주

히 유혹을 물리쳤습니다.[144]

오로지 주님의 도우심만을 의지하며 살다가 선종하시도록 노력하십시오.[145]

백만 가지 설움을 돌이켜 지난날 주님 잃음을 생각하며 울고, 힘써 지난 일을 보속하고, 성모님께 의탁하여 마음을 평화롭게 하시면서, 천주의 자리에 가시기를 힘쓰십시오.[146]

간절한 기도

이처럼 주님께 모든 것을 내어 맡기는 의탁의 자세는 일상의 기도 안에서 더 구체적으로 표현되었으며, 특히 유혹 가운데 함께 기도하면서 크신 사랑에 응답하고자 했다. 즉 육체적인 유혹을 이겨 내기 위해 매일 함께 기도했으며, 관비로 끌려갈 때에도 소원을 이루어 달라고 간절히 기도했다. 기도한다는 것을 표현할 때 루갈다는 특히 간절하게 구한다는 의미로 '간구懇求하다'는 용어를 자주 사용했다.

---

144. 이태영, 〈이순이 루갈다가 어머니에게 보낸 편지〉, 《동정부부 순교자 이순이 루갈다 옥중편지》, 27쪽.
145. 이태영, 〈이순이 루갈다가 친언니와 올케에게 보낸 편지〉, 《동정부부 순교자 이순이 루갈다 옥중편지》, 51쪽.
146. 이태영, 위의 책, 50쪽.

기도하는 이순이 루갈다, 치명자산 경당 내 모자이크 일부(머리의 후광 부분 수정), 남용우 마리아 작.

유혹이 심하여 동정 약속을 저버릴까 두려운 마음이 드는 것은, 마치 살얼음판을 걷는 듯하고 천 길 벼랑 끝에 서 있는 듯하구나! 유혹을 이겨 내고자 하늘에 간절히 기도하였더니(懇求懇求하옵더니), 주님의 도우심으로 가까스로 면하여 동정童貞을 보존하니[147]

할 수 없이 길을 떠날 때, 길을 가면서 치명하고자 하는 바가 더욱 간절하더니(구求ᄒ는 바ㅣ 더욱 근절懇切터니)[148]

그리하여 함께 천국에 올라, 하느님과 형제와 부모를 즐거이 모시고, 영원히 함께 지내기를 진심으로 원합니다. 저는 이를 위해 죽은 후에라도 틈나는 대로 간구할 것입니다(懇求ᄒ 리이다).[149]

짧은 편지글에서 동정부부가 어떻게 기도했는지 자세히 알 수는 없지만, 동생 이경언이 고백하고 다블뤼 신부가 기록했듯이 그들의 순교는 평상시의 충실한 기도와 덕스러운 삶이 있었기에 가능한 것이었다. 무엇보다 4년간 서로의 순결을 존중해 주면서 살기 위해서는 세상 그 누구보다 함께 꾸준히 기도하면서 살았으리라고 짐작할 수 있다.

---

147. 이태영, 앞의 책, 41쪽.
148. 이태영, 앞의 책, 43쪽.
149. 이태영, 앞의 책, 65쪽.

> 우리의 두 젊은 부부는 순수할수록 더욱 진솔한 그런 우정으로 서로 애지중지했으며, 함께 기도에 열중하였고, 덕목의 실천을 서로 고무하였다.[150]
>
> 주님의 성혈 공로에 의지하여 능히 유혹을 물리쳤습니다.[151]
>
> 주님을 배반한 자가 될까 하여 밤낮으로 염려하고, 눈물을 흘리며 함께 죽기를 청하였더니, 뜻한 바가 이처럼 빨리 올 줄 어찌 알았으랴![152]

이처럼 늘 기도하는 자세는 기도하겠다는 약속과 기도하라는 당부에서도 찾아볼 수 있다.

> 그리하여 함께 천국에 올라, 하느님과 형제와 부모를 즐거이 모시고, 영원히 함께 지내기를 진심으로 원합니다. 저는 이를 위해 죽은 후에라도 틈나는 대로 간구할 것입니다.[153]
>
> 항상 힘써 열심히 주님을 사랑하고, 열심히 통회하여 간절히

---

150. 다블뤼, 《조선 주요 순교자 약전》, 129~136쪽; 한국천주교 주교회의 시복시성주교특별위원회, 《하느님의 종 윤지충 비오로와 동료 123위 - 시복 자료집》 제3집, 302~303쪽.
151. 이태영, 〈이순이 루갈다가 어머니에게 보낸 편지〉, 《동정부부 순교자 이순이 루갈다 옥중편지》, 27쪽.
152. 이태영, 〈이순이 루갈다가 친언니와 올케에게 보낸 편지〉, 《동정부부 순교자 이순이 루갈다 옥중편지》, 42쪽.
153. 이태영, 위의 책, 65쪽.

구하면 은총을 주실 것이니, 잠시라도 방심하셨다면 크게 뉘우쳐 열심히 천주께 기도를 드리십시오.[154]

어떠한 상황에서도 기도하면서 하느님의 뜻을 찾고 이에 응답하려는 자세는 동생 이경언의 글에서도 자주 볼 수 있다.

그렇지마는 착하신 성모님의 보호하심으로 이 집이 보존되리라고 믿으며 또 그렇게 되기를 바라고 있습니다. 간절히 기도하고 또 기도하십시오.[155]

천주의 은혜로 몇몇은 다시 목숨을 이어 갈 것으로 생각하는데 이 역시 교형(教兄)들이 전구하여 주신 덕택이 아닌가 합니다.[156]

착하신 성모님의 보호하심으로 이 집이 보존되리라고 믿으며 또 그렇게 되기를 바라고 있습니다. 간절히 기도하고 또 기도하십시오.[157]

---

154. 이태영, 앞의 책, 51쪽.
155. 김진소, 〈이경언 바오로가 명도회 회원들에게 보낸 편지〉, 《이순이 루갈다 남매 옥중 편지》, 82쪽.
156. 김진소, 위의 책, 83~84쪽.
157. 김진소, 앞의 책, 82쪽.

매사에 감사하는 삶

루갈다가 가장 많이 강조하는 것은 주님께서 베풀어 주신 은혜에 감사드리는 것이다. 이는 모든 것에서 하느님이 섭리하신 것에 대해 신뢰할 뿐만 아니라 그런 하느님의 은총이 자신이나 모든 사람들에게는 최선의 것이라고 믿음을 보여 준다. 루갈다 자신이 먼저 이러한 은총에 감사드리며 동시에 자신의 가족들에게 자신을 대신해 감사드려 달라고 부탁한다.

> 주님께서, 다행히 저를 버리지 않으시고 치명의 은혜를 주시거든 **주님의 은혜에 감사하십시오.**[158]
>
> (관비로 끌려가게 되어 순교할 수 없게 되자 간절히 기도하여 다시 잡혀 왔을 때) 백여 리를 겨우 나가다가 다시 끌어들이니 이는 더할 수 없이 극진한 은총이라. 어떻게 감사感謝하여야 마땅할까? 부디 나 죽은 후에라도 **주님의 은혜에 감사하십시오.**[159]
>
> 올케언니! 오라버니 돌아가시거든 너무 서러워하지 마시고, 마음을 편안히 가져 무익하게 상심하지 마십시오. **주님의 은혜**

---

158. 이태영, 〈이순이 루갈다가 어머니에게 보낸 편지〉,《동정부부 순교자 이순이 루갈다 옥중편지》, 23쪽.
159. 이태영, 〈이순이 루갈다가 친언니와 올케에게 보낸 편지〉,《동정부부 순교자 이순이 루갈다 옥중편지》, 43쪽.

에 감사하며, 두 집안의 어른들을 잘 모시고 어린 것들을 잘 보살피십시오.[160]

오빠가 다시 판결을 받았다 하니, 진실로 얼마나 **감사한 주님의 은총**입니까? 우러러 늘 감사드리고, 어머니의 복받으심을 찬송합니다.[161]

이처럼 루갈다는 무엇보다 동정의 삶을 살 수 있었고 또 목숨을 바칠 수 있는 은총을 주신 하느님께 감사드리는 길은 자신을 온전히 내어놓는 죽음, 즉 순교라고 믿음을 알 수 있다.

큰일을 할 기회가 없을까 염려하던 차, 관청에서 많은 포졸들이 나와 이 몸이 붙잡히니, 오히려 제 뜻과 같이 되어, 참으로 **주님의 은혜에 감사드립니다.**[162]

우리의 만남은 두 사람의 소원을 천주께서 허락하신 특별한 은총이라! 서로 주님께 감사하며 은혜를 갚는 길은 죽음으로밖

---

160. 이태영, 앞의 책, 52쪽.
161. 이태영, 〈이순이 루갈다가 어머니에게 보낸 편지〉, 《동정부부 순교자 이순이 루갈다 옥중편지》, 24~25쪽.
162. 이태영, 〈이순이 루갈다가 친언니와 올케에게 보낸 편지〉, 《동정부부 순교자 이순이 루갈다 옥중편지》, 33쪽.

에 없구나!¹⁶³

하느님의 은총에 감사드리는 삶은 무엇보다 동생 이경언의 편지에서 아주 자세하게 언급되어 있는데, 이는 시대를 뛰어넘어 오누이가 같은 정신으로 살고 있음을 보여 주는 부분이라 할 수 있다. 이경언 역시 누이 루갈다처럼 주님께 받은 은혜를 순교로 보답하고자 했으며, 일상의 작은 도움에도 늘 하느님의 손길을 느끼며 감사했다. 또한 자신이 하느님의 은총에 제대로 감사드리지 못한 것에 대해 주위 사람들에게 대신 감사해 달라고 청한다.

> 어제부터는 두려움이 적어지고 마음과 몸이 안정되니, 이 어떠한 주님의 도우심인가? 감사함이 이루 헤아릴 수가 없도다. 무엇으로 보답할까? 죽는 길밖에 없구나! 하고픈 말이 끝이 없으나 다 기록하지 못하겠구나.¹⁶⁴
>
> 나 같은 극악 죄인을 이처럼 돌보아 정신을 차리게 하시니, 어떻게 감사를 해야 할지 모르겠구나! 천국의 성인들과 우리 친

---

163. 이태영, 앞의 책, 40쪽.
164. 이태영, 〈이경언 바오로가 쓴 옥중 기록〉, 《동정부부 순교자 이순이 루갈다 옥중편지》, 89쪽.

우들은 나를 대신하여 주님의 은혜에 감사하십시오.[165]

십오일 날에는 무사하고, 십육일 날에는 자고 일어나니, 다리가 조금 가볍고 아픔이 약간 가시니 갈수록 은총이로구나! 어떻게 감사해야 할까? 고산 활두에 사는 윤영득이라는 아이와 함께 있는데, 그 아이가 온갖 심부름과 수발을 다 들어주니, 이것도 또한 주님의 은혜라 여겨 주님께 무한히 감사드리고…….[166]

아직도 모르니 칼 맞기 전에는 장담을 못하겠지마는, 아직까지 세상에서는 유일한 듯하니, 온몸이 다 입이라고 해도 어떻게 다 감사할 수가 있겠는가? 여러 교우들은 나를 대신하여 감사하십시오.[167]

그러나 오직 천주와 성모 마리아의 끝없는 인자하심만을 믿고 있으니 저를 저버릴 수가 있겠습니까. 천주께 그분의 모든 은혜를 감사하여 주십시오.[168]

형수님이 이 편지를 읽으시면 얼마나 마음이 아프시겠습니까. 그러나 천주께 은혜를 감사하십시오. …… 다시 한 번 말씀

---

165. 이태영, 앞의 책, 92쪽.
166. 이태영, 앞의 책, 94쪽.
167. 이태영, 앞의 책, 95쪽.
168. 김진소, 〈이경언 바오로가 어머니와 가족에게 보낸 편지〉, 《이순이 루갈다 남매 옥중편지》, 70쪽.

드리지만 천주께 감사를 드려 주십시오.[169]

천국의 천사 성인들과 전 세계의 모든 교우들이여, 나를 위하여 천주께 감사하여 주십시오.[170]

회원 여러분, 나를 위하여 성모님께 감사하여 주십시오.[171]

그러나 여러분은 차라리 마음과 힘을 합하여 이 막중한 은혜를 천주께 감사하여 주십시오.[172]

서울과 지방 교우들에게 진 빚을 갚지 못했고, 또 내가 받은 은혜를 감사하지 못한 것을 생각하니 마음이 괴롭습니다.[173]

이처럼 모든 것을 하느님의 돌보심과 섭리로 바라보고 하느님께 자신들의 삶을 내어 맡기는 자세가 동정부부의 거룩함의 비밀이다. 하느님의 섭리에 대한 신뢰는 그 어렵고 불편한 상황들의 연속 안에서도 불평하거나 투덜거리거나 신세 한탄하는 일 없이 오히려 평화를 유지하면서 감사드리며 살게 해 준 것이다. 마찬가지로 하느님의 이끄심과 은총에 대한 확신

---

169. 김진소, 앞의 책, 71·72쪽.
170. 김진소, 〈이경언 바오로가 아내에게 보낸 편지〉, 《이순이 루갈다 남매 옥중편지》, 78쪽.
171. 김진소, 〈이경언 바오로가 명도회 회원들에게 보낸 편지〉, 《이순이 루갈다 남매 옥중편지》, 82쪽.
172. 김진소, 위의 책, 83쪽.
173. 김진소, 앞의 책, 84쪽.

과 이에 온전히 응답하려는 그들의 노력은 부부로서 그리고 가정과 이웃 안에서 온 마음으로 사랑하도록 이끌어 준 힘의 원천이라고 할 수 있다.

4) 하느님 뜻에 응답하는 힘의 원천

질서 있는 사랑

《논어論語》에서는 "효도와 우애가 인을 실천하는 근본이다."[174]라고 가르친다. 과연 동정부부는 부모에게 효도하고 형제들과 우애 있게 지냈지만 여기서 멈추지 않고, 그들에게 가장 우선시되는 하느님 사랑을 통해 모든 것을 바라보았다. 인간적으로도 사랑하고 애태웠지만 이것이 신앙으로 승화되었기에 그들이 실천한 효와 형제애가 더욱 꽃피었던 것이다. 진정으로 효도하고 형제를 사랑하는 것은 하느님을 사랑할 때 그리고 하느님 안에서 사랑할 때 가능하다는 것이다.

당시 박해자들은 천주교인들이 아버지와 임금을 업신여긴

---

174. 《논어》, 〈학이學而편〉 2장. 孝弟也者 其爲仁之本與.

다는 의미로 아버지도 없고 임금도 없다, 즉 '무부무군無父無君하다'면서 박해를 정당화했다.[175] 예를 들어 전라 감사가 윤지충에게 "너는 부모도 모르고 임금도 모르는 놈이다."라고 단죄했을 때 윤지충은 "나는 부모도 임금도 잘 알고 있다."라고 대답했으며,[176] 유관검의 신문 기록에도 "사학邪學은 '아비도 임금도 안중에 없으며〔無父無君〕'"[177]라는 표현이 나온다.

하지만 당시 그리스도인들은 임금과 부모에게 향하던 충효忠孝 의식을 그대로 지녔을 뿐만 아니라, 더 나아가 천지의 창조주인 가장 높으신 임금(大君)이자 인류의 아버지(大父)이신 하느님께 이를 확대했다. 즉 부모에게 효도하고 임금에게 충성해야 하지만 하느님은 부모와 임금보다 더 큰 임금이요 부모이기에 으뜸으로 하느님을 섬겨야 한다고 가르쳤다. 그러므로 당시 신자들은 충효를 위해 어떠한 희생과 죽음도 가능하듯이 대군대부大君大父이신 하느님을 위해서도 뜨거운 사랑과 순교를 할 수 있다는 생각을 품었던 것이다. 그래서 대군대부를 배

---

175. 이문우 요한 성인은 "어떻게 죽음을 원할 수 있겠습니까? 그러나 임금님의 명령에 복종하려면 만물의 조물주이신 대군대부를 배반해야 할 것인데, 죽어야 한다 해도 그렇게는 할 수 없습니다." 하고 말했다.
176. 달레,《한국천주교회사》上, 352쪽.
177. 조광,《역주 사학징의》I, 73~74쪽.

반하느니 죽음을 택하겠다는 말이 윤지충을 비롯한 수많은 순교자들의 증언에서 자주 등장한다.

루갈다는 대군대부大君大父, 대부모大父母, 천지대군天地大君이라는 표현을 자주 사용하면서 하느님과 부모와 시댁 식구들을 마치 거대한 한 가족처럼 여김을 드러낸다.

> 언제나 감옥을 벗어나서 **하느님과 성모님과**(대군대부大君大父와 텬샹모황天上母皇과), 존경하는 시아버지(유항검)와, 나의 동생(유중성)과, 충실한 벗인 요안(유중철)을 만나 즐길까 생각하지만, 죄 많은 이 몸이 다만 바라기만 할 뿐, 제 뜻같이 그렇게 쉽게 될 리가 있겠습니까?[178]
>
> 그리하여 함께 천국에 올라, **하느님과 형제와 부모를**(대부모大父母 형 부모를) 즐거이 모시고, 영원히 함께 지내기를 진심으로 원합니다.[179]
>
> 자식과 동생이 임금의 은혜만 입어도 기뻐할 일인데, 하물며 **천지대군**天地大君께서 사랑하는 자식이 되었다면, 이 어찌 즐거

---

178. 이태영, 〈이순이 루갈다가 친언니와 올케에게 보낸 편지〉, 《동정부부 순교자 이순이 루갈다 옥중편지》, 63쪽.
179. 이태영, 위의 책, 65쪽.

위할 일이 아니겠습니까? 주님의 은혜를 받고자 하여 서로 다투는데, 구하지도 아니한 은총을 입는다면 이 어찌 분에 넘치는 은혜라고 말하지 않을 수가 있겠습니까?[180]

루갈다의 동생 순교자 이경언 역시 누이처럼 대부모라는 표현을 사용하면서 질서 잡힌 사랑을 이야기한다.

"부모를 보려고 하면 천주를 배반해야 하는데, 천주는 **큰부모**〔大父母〕이시라서, 어머니도 천주님께서 내신 것이니, 어찌 천주를 배반하겠습니까?"[181]

(천주가 무엇이냐는 순찰사의 질문에) "천주께서는 천지만물을 만들어 내신 **하느님 아버지**〔大君大父〕이십니다."[182]

(신앙을 버리지 못하겠느냐는 순찰사의 질문에) 자식이 부모를 섬기지 않고, 신하가 임금을 섬기지 않으면 불효와 불충이 되는 것인데, 어찌 사람이라 이르면서 사람을 지으신 천주를 섬기지 않을 수가 있겠습니까?"[183]

---

180. 이태영, 앞의 책, 48쪽.
181. 이태영, 〈이경언 바오로가 쓴 옥중 기록〉, 《동정부부 순교자 이순이 루갈다 옥중편지》, 87쪽.
182. 이태영, 위의 책, 82쪽.
183. 이태영, 앞의 책, 83쪽.

이러한 은혜에 응답하기 위해 지녀야 할 또 다른 자세는 바로 신명기 말씀처럼 온 힘을 다해 하느님을 사랑하는 것이라고 알려 준다.

> 항상 힘써 열심히 주님을 사랑하고, 열심히 통회하여 간절히 구하면 은총을 주실 것이니, 잠시라도 방심하셨다면 크게 뉘우쳐 열심히 천주께 기도를 드리십시오.[184]

이처럼 루갈다 남매의 편지들을 통해 이들은 진정으로 애주애인愛主愛人했기에 부모와 동기들에 대한 지극한 사랑을 지녔으면서도 전혀 집착하지 않았음을 알 수 있다. 그렇기에 혈육에 대한 사랑이 하느님에 대한 사랑을 방해하지 않았으며, 하느님에 대한 오롯한 사랑이 부모 형제에 대한 사랑을 소홀하게 하지 않았음을 보여 준다.

성체에 대한 지극한 사랑

지금처럼 자유롭게 신앙생활을 할 수도 없었고 성사의 은

---

[184] 이태영, 〈이순이 루갈다가 친언니와 올케에게 보낸 편지〉, 《동정부부 순교자 이순이 루갈다 옥중편지》, 51쪽.

미사 드리는 주문모 신부,
임수현 제노베파 작.

혜 역시 마음껏 누리지 못했던 그 시절에 동정부부가 어떻게 그처럼 거룩한 원의를 품고 자신들의 삶을 성화시키면서 모든 것을 하느님께 봉헌할 수 있었는지 놀랍기만 하다. 앞에서 말한 가정에서의 신앙 전습과 가톨릭 서적의 도움을 통해 키워 나간, 무엇보다도 성체에 대한 그들의 탁월한 신심과 뜨거운 사랑을 빼놓을 수 없을 것이다. 당시 성체는 매일 마음껏 누릴 수 있는 것이 아니었기에 그 존귀함을 분명하게 의식했고, 믿고 생각하는 바를 온전히 받아들였기에, 성체는 바로 그들 삶의 중심이 될 수가 있었다.

사실 옛날 책들이나 성인전들을 읽다 보면 많은 경우 첫영성체 때 받은 은혜를 잃지 않으려는 갈망이 상당함을 알 수 있다. 처음으로 모신 예수님의 몸이 내 안에 들어와 나와 하나가 되기에 그 은총을 잃고 싶지 않다는 마음으로 오직 하느님만을 사랑하려는 강한 결심을 하곤 했던 것이다.

특히 동정부부가 살던 당시 조선에는 사제가 거의 없었고 일생에 사제를 만나거나 미사에 참여하는 것 자체가 지극히 드문 일이었다. 이런 상황에서 달레 신부는 루갈다가 첫영성체를 하게 된 배경과 그 이후의 자세에 관해 짤막한 기록을 남겼다. 이순이는 14세가 되었을 때, 조선에 들어온 지 얼마 안 된 주문모 신부를 만날 기회를 가졌고 성사의 은혜를 갈망했다. 그러나 당시 교우들은 일반적으로 교리를 많이 배우지 못했던 데다가 루갈다의 나이가 어려서 처음에는 성사를 받을 수 없을 것이라 여겨졌다. 이에 그녀는 나흘 동안 방에 들어앉아 성사받을 준비하는 데만 전념했고, 신부는 루갈다가 자격이 있다고 판단해 첫영성체를 허락했다.[185] 그때부터 루갈다는 오직 성체의 효과를 보존하는 데 온 마음을 기울였으며, 이를 위해 무엇보다 자신의 영혼을 온갖 덕행으로 꾸미려고 노력했다. 조금 지나서는 예수님의 은총에 자신을 온전히 봉헌하고자 평생 동정으로 살기로 결심하게 되었다.[186]

유중철이 지닌 동정에 대한 원의도 이순이의 것과 같다고 볼 수 있다. 1795년 음력 4월 주문모 신부는 유항검의 초청으로 전주를 방문했는데, 이때 주 신부는 유항검의 집에서 일주일가량 머물며 성사 집전과 강론을 했다. 이때 큰아들 유중철이 첫영성체를 하게 되었고 이때의 첫영성체는 훗날 유중철이

---

185. 달레, 《한국천주교회사》 上, 534쪽 참조.
186. 달레, 위의 책, 534쪽 참조.

동정부부 생활을 선택하는 결정적인 계기가 되었다.

이처럼 요한과 루갈다가 평생 동정을 지키고 살면서 자신의 모든 것을 하느님께 내어 드리기로 결심한 것은 첫영성체를 함으로써 예수님께서 그들 안에 오시어 그야말로 하나가 되었다는 것을 알았기 때문이다. 또한 그리스도의 성전이 된 자신의 몸과 마음을 거룩하게 보존하면서 오직 하느님만을 위해 살고 싶은 원의를 지니게 되었기 때문이기도 하다. 성체 안에서 예수님과 하나 되어 모든 걸 바치고 싶어 했던 배경에는 당시 그들이 읽은 가톨릭 서적의 영향도 크다.

주일에 해당하는 복음과 주석, 강론과 실천 사항을 담은 《성경직해聖經直解》에서는, "영성체하면 그리스도는 천지 신인神人의 크신 주님이시기에 무소불능無所不能하시니 이 비천한 죄인과 더불어 합해 한 몸이 되신다."[187]라고 가르친다.

마찬가지로 동정부부가 살던 시기에 한글로 번역된 것으로

---

[187]. 한국교회사연구자료(서경수 편), 《성경직히》 권2, 한국교회사연구소, 1984, 527쪽. "텬디 신인의 대쥬ㅣ시라 무소불능ᄒ시니 내 비쳔혼 죄인으로 더브러 합ᄒ야 일톄되시니."

보이는 《성교요리문답聖敎要理問答》의 성체 문답 편을 보면, 성체를 영할 때 지녀야 할 자세에 대한 질문에 마음속으로 성체를 가득히 애모해 마음이 예수님의 거룩하신 마음과 합해 하나가 되기를 원해야 한다고 답한다.[188]

그리고 성체성사가 영혼에 무슨 이익이 있느냐는 질문에는 "성체를 잘 영하면 예수님과 함께 하나가 된다."[189] 라고 답한다. 같은 책에서 성체를 영한 후 해야 할 도리에 대한 질문과 답을 보면 요한과 루갈다가 첫영성체 이후에 왜 자신들의 모든 것을 그토록 봉헌하고 싶어 했는지 그 이유를 알게 된다.

문 성체를 영한 다음 또 마땅히 어떻게 하는가?
답 마음을 다하여 믿고 바라고 사랑하고 공경하는 뜻을 발한 외에 마땅히 예수의 성체를 감사하고 내 영혼과 육신과 내게 있는 모든 것을 도무지 예수께 드리고 다시 은혜 더하심을 구하느니라.

---

188. 한국교회사연구자료 제15집(서경수 편), 《성교요리문답, 진교절요, 성교요리, 성교빅문답》, 한국교회사연구소, 1985, 468~469쪽 참조.
189. 서정수, 위의 책, 463쪽. 문 령혼에 무슴 리익이 잇느뇨 답 셩톄를 잘 령호면 예수와 훈가지로 합호야 호나히 되느니……."

잦은 영성체에 익숙해져 영성체 이후에도 덤덤하게 지내는 오늘날 신자들에게 이러한 문답은 많은 것을 시사한다. 즉 동정부부는 교리서의 가르침대로 마음을 다해 믿고 바라고 사랑하고 공경했던 것이다. 무엇보다 성체 안에서 하나가 되어 주신 예수님께 감사드리면서 자연스럽게 자신들의 영혼과 육신과 그 모든 것을 오로지 예수님께 드리고자 하는 마음을 품게 되었다.

지금처럼 자유롭고 풍요로운 신심 생활을 할 수 없던 시절이라 그들은 천주교의 가장 기본적인 것만을 알았을 따름이다. 그럼에도 불구하고 고문을 받으면서도 끝까지 마음을 굽히지 않은 것은 무엇보다 이들이 지닌 성체에 대한 사랑과 감사의 마음이 우리가 생각하는 것보다 훨씬 크다는 것을 보여 준다. 즉 자주 모실 수 없었기에 관념적으로만 바라볼 수도 있는 성체를 그들은 진심으로 사랑했고, 이는 죽음과도 바꿀 수 없는 것이었다. 인간을 위해 사람이 되셨을 뿐만 아니라 끝까지 모두를 사랑하셨고, 이제 성체로서 한 사람 한 사람 안에 오시어 하나가 되고자 하시는 예수님의 사랑에 감사하고 이에 온전히 응답하고 싶은 마음이 요한과 루갈다의 삶을 바꿔 놓은 셈이다. 그것이 한국 천주교 성립기의 많은 신자들이 지닌 마음이었고 또한 초남이의 요한과 루갈다도 그 마음을 지니고 살아가고자 했다. 그들 삶의 수수께끼가 바로 이 부분에서 풀리기도 한다.

성체이신 예수님에 대한 그들의 지극한 사랑은 당시 신자들이 성체를 영하기 위해 어떻게 마음과 몸을 준비했는지 살펴보면 더 잘 헤아릴 수 있다. 《성경직해》의 '성체첨례성경 요한 복음 제6장'을 보면, 영성체의 중요성과 유익함을 다루며,[190] 이와 같이 큰 은혜를 영하기 위해 필요한 자세, 즉 영성체 준비에 대해 자세하면서도 명확하게 설명한다. 무엇보다 마땅히 마음을 다해서 모셔야 하며, 설사 일생에 한 번만 영하게 되더라도 반드시 일생에 죄가 없도록 준비하고 일생에 모든 덕을 준비해 잘못을 따져 경계하고 뜨겁게 사랑하며, 겸손하고 정결하며 사욕을 이겨야 한다고 가르친다.[191] 이는 바로 동정부부가 살아온 삶의 내용 그대로다.

---

190. 한국교회사연구자료(서정수 편), 《성경직히》 권2, 516~525쪽 참조.
191. 서정수, 위의 책, 526쪽. "셜스 일싱에 다민 훈번만 령슈 훌터히라두 반다ᄂ시 맛당이 일싱에 죄업기를 예비ᄒ고또 맛당이 일싱에 모든 덕을 예비ᄒ야 규계를 직희며 모병을 부리고 흔근ᄒ고 열이ᄒ며 겸손ᄒ고 정결ᄒ며 ᄉ욕을 이기고."

성체성사를 다룬 또 다른 서적인 《성교절요》의[192] 성체성사 편에서는 영성체 준비에 관해 많은 부분을 할애한다. 영성체하기 전에 영성체 준비를 위해 공부해야 하고 영성체의 깊은 도리를 명확하게 밝혀야 한다고 가르친다. 또한 자신의 사욕을 이기고, 말을 적게 하며, 묵상을 하고, 경을 외우고, 주님께 빌며, 자신의 지극히 천함을 자백하고, 주님의 지극히 높으심을 알며, 자신의 신망애 삼덕을 굳건히 하라고 가르친다. 정신적인 데만 머무르지 않고 몸으로도 성체를 모실 준비를 해야 하는데, 영성체하는 날에는 반드시 엄격하게 재를 지키고 밤중부터 영성체할 때까지 물 한 모금도 삼키지 못한다고 가르친다.[193] 《성교요리문답》에서도 육신의 준비에 대해서 말하는데, 여기에서도 역시 공심재를 지켜 밤중부터 성체를 영할 때까지 술과 물 같은 것이라도 삼키지 말고 몸을 단정하게 하라고[194] 답한다. 지금과는 여러모로 다른 상황이지만 동정부부를 비롯한 신앙의 선조들이 어떤 자세로 성체를 영했고 또 이를 통해 얼마나 큰 도움을 받았는지 충분히 공감할 수 있을 것이다.

---

192. 《성교절요》는 1705년 중국에서 오르티즈 신부가 저술한 교리서에서 일곱 성사에 관한 부분만 발췌해 한글로 번역한 책이다.
193. 한국교회사연구소 편집부 편저, 《쥬교요지, 성교절요》, 644~646쪽 참조.
194. 서정수, 《성교요리문답, 진교결요, 성교요리, 성교빅》, 466쪽 참조.

그러나 고장에 사제도 없고 성체소배할 성당도 없던 시절이라 동정부부가 성체의 중요성을 알았다 하더라도 자주 성체를 모실 수는 없었다. 그런데도 어떻게 성체에 대한 사랑을 통해 하느님께 나아갈 수 있었는지 의문이 생긴다. 이러한 현실을 반영하는 당시 교리서에서는 신령성체에 대해, 자주 영성체하지 못하는 교우들은 열절하게 사랑하는 마음을 가져 예수님께서 자신의 마음에 오셔서 거하시기를 간절하게 원하고 구하라고 가르친다. 장소와 시간에 구애를 받지 않지만, 중요한 것은 실제 영성체할 때와 같이 마음을 준비해 죄를 통회하고 다시는 죄짓지 않기로 결심하고 정개하며 믿고 바라고 사랑하고 감사하는 정을 힘써 지녀야 한다고 대답한다.[195] 요한과 루갈다는 첫영성체를 통해 자신들과 하나가 된 예수님께 자신들의 전 존재를 봉헌했으며, 그 후 성체를 제대로 모실 수 없던 현실 속에서 신령성체를 통해 사랑을 키워 나가며 동정 생활에 필요한 모든 은총을 얻어 누렸다고 볼 수 있다.

---

195. 서정수, 앞의 책, 463~464쪽. "성톄의 은혜 이러투시 크고 요긴ᄒ니 교우들이 자조 령ᄒ지 못ᄒ는 거슬 맛당이 신령성톄홈으로 기울지라 신령성톄ᄒ다 홈은 이 열절이 ᄉ랑ᄒ는 ᄆ음을 발ᄒ야 예수ㅣ 내 ᄆ음에 림ᄒ샤 거ᄒ시기를 근졀이 원ᄒ고 구ᄒ음이라 아모 때에니 이모 곳에셔 가히 홀 거시로디 밥두시 실노 셩톄 령홀 때와 굿치 ᄆ음을 예비ᄒ야 죄를 통회 명기ᄒ며 밋고 ᄇ라고 ᄉ랑ᄒ고 감샤홈 굿흔 졍을 힘써 발ᄒ여야 그 신익을 엇으리라."

당시 신자들의 성체에 대한 지극한 사랑은 〈신미년에 조선 천주교 신자들이 북경 주교에게 보낸 편지〉 안에서도 여실히 드러나는데, 이들의 소원이 죽기 전에 한 번만이라도 미사에 참례하는 것일 정도로 성체에 대한 이들의 사랑은 우리의 생각을 뛰어넘는다.

> 그러므로 저희들이 아침저녁으로 기도하는 것은 오로지 뜻하지 않은 사고로 죽는 일 없이 한 번만이라도 미사에 참례하고, 그동안 지은 죄를 단 한 번만이라도 고해할 수 있는 은혜를 얻는 것입니다. 그렇게만 된다면, 설사 갑자기 땅이 꺼져 그 자리에서 죽게 된다 하더라도 저희들은 틀림없이 기뻐 춤추게 될 것입니다.[196]

다블뤼 신부가 조선에 도착해 사목할 당시, 첫 방문에서 받은 인상을 감동에 젖어 기록한 글 중에 이런 내용이 있다.

> 그러다가 헤어져야 할 시간이 되면 강제로 헤어져야만 하는

---

[196]. 윤민구, 〈신미년에 조선 천주교 신자들이 북경 주교에게 보낸 편지〉, 《한국 초기 교회에 관한 교황청 자료 모음집》, 216쪽.

> 가족들처럼 울고불고 난리입니다. 슬프지요! 어쩌면 그들이 살아 있는 동안 그들 마음의 부담을 덜어 주고 그들의 하느님과 결합시켜 줄 신부를 다시 보지 못할 수도 있으니까요.[197]

여기에서 신자들의 마음의 부담을 덜어 주는 것은 고해성사를 가리키고 하느님과 결합시켜 주는 것은 성체성사를 가리킨다. 당시 조선 팔도에 몇 안 되는 외국인 사제들 가운데 한 명이 자신들의 마을을 방문한 덕분에 태어나서 처음이자 마지막으로 성체를 모실 수 있었던 이들에게, 정들었던 사제가 떠나게 되어 두 번 다시 만날 수 없다는 것보다 그를 통해 받았던 성체성사와 고해성사의 은혜를 더 이상 누릴 수 없다는 것이 더 커다란 고통으로 다가왔던 것이다.

동정부부가 이처럼 어떠한 상황에서도 하느님의 뜻에 온전히 응답할 수 있었던 것은 모든 것 위에 하느님을 먼저 사랑하고 싶은 원의가 그만큼 컸기 때문이다. 그리고 이처럼 질서 있는 사랑을 했기에 모든 이들을 사심 없이 사랑할 수 있었다.

---

197. 샤를 살몽, 《성 다블뤼 주교의 생애》, 266쪽.

마찬가지로, 하느님과의 하나 됨을 미리 실현하는 영성체에 대한 고마움이 지극했기에 어떠한 상황에서도 하느님의 뜻을 살 수 있는 힘을 얻었다. 특히 동정인 이들은 성체를 모시면서 그리스도와 온전히 하나가 된다는 것을 알았기 때문에 이제 모든 차원에서 하나가 되어 주신 예수님의 사랑은 그들 삶과 죽음의 이유가 되어 버렸다. 하느님은 그들이 평생 사랑하고 싶은 전부이셨다.

2. 정결한 자만이 사랑할 수 있나니

동정부부와 정결

1) 두 쌍의 동정부부

2014년에 시복된 124위의 복자들은 신분과 직업이 매우 다양한데, 그 가운데 세계 천주교회사에 있어서 매우 드문 경우인 동정부부가 두 쌍이나 있다는 것은 특기할 만한 점이다.

당시 조선 사회에서 모든 여성은 혼기가 되면 양가 어른이 지어 주는 짝을 만나 혼인을 하고 자식을 낳아 대를 잇는 것이 당연한 의무로 여겨졌다. 따라서 혼인을 하지 않는 것은 유교의 효 사상이나 후사를 중시하는 관습을 부정하는 셈이었다.

이에 비해 박해 시대의 여성 신자들 중에는 그리스도교적 삶의 양식 중 독신의 금욕 생활을 특히 중시하는 경향이 있었다. 이들은 자신의 삶을 오로지 하느님께 봉헌하기 위한 방법으로 스스로 동정 서원을 발하곤 했다. 순교자들의 기록에서 볼 수 있듯이, 당시 사회가 독신의 삶을 허용하지 않았기에 미혼임을 숨기기 위해 머리에 쪽을 찌어 과부 행세를 하는 경우도 있었다.[198]

이처럼 동정의 원의가 있는데도 혼인을 피할 수 없을 때에는 혼인의 형태를 취하면서 동정의 삶을 사는 경우가 있었는

---

198. 조광, 《역주 사학징의》I, 182쪽. 윤점혜가 포도청에서 진술한 내용 참조. "비록 다른 사람에게 시집을 가지는 않았지만, 형적을 감추기 위하여 머리에 쪽을 찌어 과부라고 했습니다."; 조광, 앞의 책, 183쪽. 윤점혜의 신문 조목 가운데 "당초 다른 사람에게 시집을 가지 않고 과부라고 자칭하는 것은 사학하는 여자의 상투적인 예이다. …… 남녀의 혼인은 인간의 대륜大倫이다. 곧 젊고 자그마한 일개 여자가 이러한 미풍과 양속을 해치는 행동을 했으니, 틀림없이 결혼하지 않고도 결혼한 듯한 것이다. 이 어찌 천지간에서 용납될 수 있겠는가?"; 다블뤼,《조선 순교사 비망기》146~149쪽; 한국천주교 주교회의 시복시성주교특별위원회,《'하느님의 종' 윤지충 바오로와 동료 123위 – 시복 자료집》제3집, 84~85쪽. "그녀는 천주교를 알면서부터 남김없이 자신을 하느님께 봉헌하기를 갈망했고 동정 서원을 했다. 집안에서 자신의 독실한 결심에 장애물을 만날까 두려워한 그는 몰래 남장을 하고 삼촌 집으로 피해 갔다."; 조광, 앞의 책, 185쪽. 정순매 바르바라에 대한 신문 조목 "시집을 갔지만 허가許哥라고 하는 남편에게 버림을 받았다고 했다. 이는 사학하는 무리 가운데 동정을 지키는 사람들의 옳지 못한 상투적 말이다."

데 이는 지극히 드문 일이었다.[199] 이러한 동정부부의 삶은 두 가지 형태로 나눠 볼 수 있다.

먼저 동정의 삶을 결심한 한쪽이 그런 의사가 없던 상대방을 설득시켜 함께 동정부부의 삶을 사는 형태다. 그 대표적인 예가 조숙 베드로와 권천례 데레사의 경우다. 동정의 지향을 지녔지만 혼인을 해야 했던 권천례 데레사가 동정의 의사가 전혀 없었던 남편 조숙을 설득시켜 함께 15년이라는 긴 세월 동안 동정부부의 삶을 살 수 있었다. 좋은 표양으로 남편을 신앙뿐만 아니라 동정 생활로 이끈 권천례 데레사의 귀감도 높이 살 만하지만, 부인의 지향을 이해하고 수많은 유혹 가운데에서도 죽음에 이르기까지 함께한 조숙의 자세 역시 높이 살 만하다.

두 번째 형태로, 양쪽 다 자발적으로 평생 동정의 삶을 살기로 결심했지만 사회가 그런 형태의 삶을 허용하지 않아서 사회의 혼인 형태를 빌려 함께 동정부부의 삶을 산 경우다. 잘 알려진 유중철 요한과 이순이 루갈다 동정부부가 바로 그 예

---

199. 달레, 《한국천주교회사》 中, 85~123쪽에 이순이 루갈다의 사촌인 권천례 데레사와 조숙 베드로의 동정부부 이야기가 나오는데, 달레 신부는 이러한 일이 지극히 드문 일이라 밝혔다.; 달레, 앞의 책, 93쪽. "이와 같은 기묘한 일이 조선에서 일어난 것은 이것이 두 번째인데, 이런 일은 천주교 역사에도 드문 일이다. 겨우 설립되고 불완전하게 알려지고, 신부도 없고 성사도 받지 못하고 미사성제에 참여하지도 못하면서……."

다. 요한과 루갈다는 둘 다 어떠한 설득이나 강요 없이 섭리에 의해 전적인 자유로 동정의 삶을 기원하다가 주문모 신부의 중재로 동정부부로 살아갔으며, 순교로 삶을 마무리했다. 게다가 남자가 평생 동정의 삶을 선택하는 경우는 드물었기 때문에 더욱 의미 있는 경우라 할 수 있다.

이 두 쌍의 동정부부 외에도 그러한 삶을 선택한 이들이 또 있었을 것이라 짐작할 수 있다. 그러나 다른 이들은 삶의 기록과 이름마저도 남기지 않았기에 전혀 알 길이 없는 반면, 유중철 요한과 이순이 루갈다의 경우, 당사자 이 루갈다가 직접 쓴 편지 두 통과 그녀의 오빠인 이경도 가롤로와 동생 이경언 바오로의 편지들을 통해 그들의 삶을 명확히 알고 이해할 수 있다. 게다가 루갈다의 편지는 안부를 전하는 간단한 편지가 아니라, 순교를 앞둔 상황에서 그녀의 깊은 신앙과 덕스러움을 섬세하게 보여 주어 오늘날 우리들에게 시사하는 바가 참으로 크다.

인간사의 지극히 정상적인 기쁨을 충분히 누릴 여건을 갖춘 이들이 왜 자진해서 이를 포기했던 것일까? 그들이 왜 온갖 고난을 겪고 생명의 위협까지 무릅쓰면서 동정의 삶을 살려고 했는지 질문을 던지고 답을 찾는 과정에서, 우리는 그들 삶의 참된 의미들을 발견하게 될 것이다. 또한 동정이자 부부였던 이들의 삶에서 신앙인으로서 동정과 부부와 가정의 참된 의미를 깨달을 수 있을 것이다.

2) 하느님을 온전히 섬김

많은 사람들이 동정부부를 생각할 때 부부의 연을 맺고 살았지만 서로 동정을 지킨 동정남녀의 모습을 떠올린다. 그리고 동정을 지킨 자체가 그들 성덕의 절대적이고 유일한 것처럼 간주하는 이들도 적지 않다. 단순히 한 번도 이성과의 육체적 관계를 맺지 않았다는, 말 그대로의 동정童貞을 지켜 냈다는 것만으로는 이들을 제대로 이해할 수 없다. 오히려 이를 뛰어넘어야 참된 이해가 가능하다.

그렇다면 온전한 부부 사이에서 이루어지는 성적 소통은 중요하지 않은 것일까? 성性은 하느님이 주신 아름다운 선물이며, 남녀가 혼인 안에서 서로에게 자신을 온전히 내어 주고 내어 맡기는 것이다. 유감스럽게도 성적 쾌락을 지나치게 강조하는 현대의 사회 분위기 속에서, 성은 자신의 소유이기에 자신의 맘대로 사용할 수 있는 어떤 것에 머물고 만다. 그러나 동정부부가 사용하지 않았던 성적 소통은 인간관계, 특히 부부 관계에 있어서 그야말로 중요하고 아름다운 요소이며, 몸에 각인된 성적 소통의 욕망은 인격적인 관계 안에서 자연스럽게 표현되는 것이 바람직하다.

그러므로 교회가 혼인을 성사로 축복하는 동시에 사제와 수도자 그리고 봉헌자들이 혼인을 하지 않는 것, 즉 육체적인 관계와 소통으로서의 성을 사용하지 않는 것은, 성을 폄하하거나 죄악시하는 것이 아니라 그만큼 성이 중요하고 고귀한 것임을 역설적으로 말하는 셈이다. 동정부부 역시 성이 창피하거나 수치스러운 것이어서 억제한 것이 아니라 그만큼 아름답고 엄청난 일이기에 이를 기꺼이 봉헌했던 것이다.

초남이의 동정부부가 이처럼 아름다운 것을 기꺼이 봉헌하고자 했던 것은 먼저 모든 것을 내어 주신 하느님께 자신들의 가장 귀한 선물, 즉 자신들을 내어 드리면서 하느님만을 변함

없이 충실하게 사랑하고 하느님의 섭리에 자신들을 온전히 내어 맡기고 싶었던 원의에서 비롯된 것이라고 볼 수 있다.

동정을 넘어서 정결이란 성직자나 수도자들처럼 단지 혼인을 하지 않은 사람들의 몫이 아니라 모든 이에게 요구되는 덕행이다. 미혼이든 기혼이든 다들 정결의 어려움을 호소하는 현실에서 정결한 삶은 마치 소수의 사람들만이 살 수 있는 특별한 것처럼 여겨지기도 한다. 현대의 많은 영화나 드라마나 소설에서 동정과 정결의 가치는 찾아보기 어려우며, 오히려 정결을 거스르는 것들을 아주 자연스럽게 다룬다. 이를 접하는 이들 역시 사랑의 감정이 있고 양쪽의 동의만 있다면 이를 몸으로 표현하는 것이 아름답다고 생각하는 경향이 짙어지고 있다.[200] 결국 성性은 인격적 관계 안에서 사랑하는 상대방에게

---

200. 〈한국인의 의식 · 가치관 20년의 추이 및 전망 연구〉(발행일: 2017년 12월 22일, 발행처: 문화체육관광부 국민소통실 여론과, 연구 수행: ㈜원지코리아컨설팅)

 (3-1) 결혼과 자녀에 대한 인식: 혼전 순결을 지켜야 한다는 인식(2006년 → 2016년)
 · 남성 2006년 71.5% → 2016년 62.9% (8.6%p ▽)
 · 여성 2006년 80.5% → 2016년 62.4% (18.1%p ▽)
 · 20대 2006년 60.9% → 2016년 38.7% (22.2%p ▽)
 · 30대 2006년 66.8% → 2016년 49.3% (17.5%p ▽)
 · 40대 2006년 79.7% → 2016년 59.1% (20.6%p ▽)
 · 50대 2006년 85.9% → 2016년 73.9% (12.0%p ▽)
 · 60대 이상 2006년 93.3% → 2016년 86.2% (7.1%p ▽)

자신을 온전히 내어 주는 상호 통교가 되어야 하는데, 자신을 전혀 주지 않으면서 오로지 자신의 성욕이나 성적 충동libido을 해소하고 충족시키는 것으로 이해하기에 이른 것이다.

세상의 영향을 고스란히 받게 되는 그리스도인들도 은연중에 이런 흐름에 젖어 들게 되어 정결의 삶을 뭔가 소원한 것으로 여길 때가 있다. 심지어 교회가 말하는 동정과 정결은 세상의 실존적인 필요와 현실에 맞지 않는 고리타분한 것들로 치부하기도 한다. 또한 생리학적이거나 심리학적인 면만 부각시키다 보니, 성의 사용 역시 복음과는 다른 차원에서 다루어지는 것이 현실이다.

이런 현실 속에서, 초남이의 동정부부는 정결하게 살아가는 것이 가능하다는 것을 몸소 삶을 통해 우리에게 보여 주었다. 게다가 홀로 동정의 삶을 사는 것을 넘어서 부부의 모습으로 함께 동정의 삶을 살았던 이들에게 동정과 정결은 하느님께 자신을 온전히 내어 맡기면서 하느님을 섬기는 삶임을 배울 수 있다.

3) 하늘나라를 위한 동정

동정부부가 하느님의 뜻을 온전히 살고 이에 응답하고자 동정의 삶을 살았다는 것은 결국 하늘나라를 위한 동정이라 할 수 있다.

하늘나라를 위한 동정의 삶의 절정은 바로 예수님에게서 찾아볼 수 있다. 즉 예수님이 제자들에게 순결과 동정에 관해 말씀하실 때, 하늘나라를 위해 스스로 독신으로 남으셨던 당신이라는 완전한 예를 갖고 계셨다. 또한 그분을 철저하게 따르고자 하는 사람들도 이 권고에 따라 살게 된다.[201] 판토하가 《칠극》에서 말한 바와 같이 "하느님이 세상에 내려올 때 동정의 몸을 가진 분을 어머니로 삼아 탄생하고, 다시 (당신도) 동정의 몸을 지켜 정덕의 아름다움을 세상에 알려 주어, 정덕은 비로소 세상 사람들에게 받아들여지게"[202] 되었기 때문이다.

《칠극》에서 살펴본 바와 같이, 하늘나라를 위한 동정의 귀

---

201. 요한 바오로 2세, 〈여성의 존엄 Mulieris Dignitatem: 마리아의 해에 즈음하여 발표한 여인의 존엄과 소명에 관한 교황 요한 바오로 2세의 사도적 서한〉, 1988년, 20쪽 참조.
202. 판토하, 《칠극》, 359쪽.

이집트로의 피신, 피에트로 갈리아르디,
로마 성 아우구스티노 바실리카

감은 마리아와 요셉의 혼인에서도 찾아볼 수 있다. 마리아와 요셉은 혼인을 통해 부부가 되었지만 하늘나라를 위해 온전히 동정의 삶을 살았다. 이들은 하느님 나라의 실현을 위해 성령의 이끄심(루카 1,35 참조)에 따라 구체적으로 복음 삼덕(순결, 청빈, 순명)을 살아가면서 자신들의 몸과 마음을 온전히 봉헌했다. 모든 면에서 요한과 루갈다는 성가정의 모범을 그대로 따랐지만, 성모님과 요셉 성인의 삶은 구원사에 협력하기 위한 것이며, 성령으로 인한 구세주의 출산과 양육이 뒤따랐다는 점에서 비교할 수 없는 면이 존재한다. 하지만 하늘나라를 위해 성모님과 요셉 성인이 하신 동정부부 생활은 요한과 루갈다에게 가장 확실한 귀감이 되었으며 커다란 위로와 확신의 원천이 되었다.

이와 같은 거룩한 귀감의 도움을 받아 동정으로 살았던 전주 초남이의 동정부부는 정신적으로나 육체적으로 혼인할 처지가 아니거나 혼인 생활의 번거로움과 불편함을 피하기 위해서가 아니라, 복음에서 제시된 바와 같이, "하늘나라 때문에 (하늘나라를 위해) 스스로 고자 된 이들"(마태 19,12)이었다. 이처럼 동정부부가 살았던 동정의 삶은 하느님께서 내려 주신 특별한 은총이며 선물이기에 초자연적인 성격을 띤다. 하지만 동시에 예수님께서 "받아들일 수 있는 사람은 받아들여라."(마태 19,12) 하고 말씀하셨고 하느님과의 일치를 지향하는 동정부부가 하늘나라를 위해 기꺼이 응답한 것처럼, 그 의미를 아는 사람들만이 자발적으로 한 자유로운 선택이라고 할 수 있다.[203]

더 근본적인 이유를 찾자면, 당신을 완전히 내어 주고 열어 보이심으로써 '끝까지 사랑하셨던' 그리스도 안에서 드러난 하느님의 사랑에 대한 자연스러운 응답이라 볼 수 있다. 즉 사랑 때문에 당신의 모든 것을 내어 주신 그리스도를 위해 요한과 루갈다 역시 자신의 전 존재를 아낌없이 내어 드리고 싶다는 차원에서 그들의 동정과 정결의 삶을 이해할 수 있을 것이다.

---

203. 요한 바오로 2세, 《몸의 신학 The theology of the body: human love in the divine plan》, 1997, 263쪽 참조.

4) 함께 가는 혼인과 정결

 요한과 루갈다가 동정의 삶을 자발적으로 선택해 살았던 것은 하느님의 거룩한 부르심이 있었기에 가능했다. 불러 주시는 하느님께 자신을 온전히 봉헌하려는 마음으로 가능했던 삶이기에 혼인과 부부의 삶에 대해 가볍게 볼 수 있는 면이 전혀 없다. 더군다나 혼인과 동정의 삶은 언뜻 봐서는 반대되는 것 같지만, 두 사람 모두 그리스도의 온전한 사랑에서 출발하여 자신을 내어 주었다는 점에서 양립 가능하다는 것을 알게 된다.

그리스도의 배우자적인 사랑
 초남이의 동정부부가 정결(동정)의 삶을 살았던 것은, 영원한 신랑이신 그리스도께서 당신의 신부인 교회와 영혼들에게 당신을 온전히 내어 바치면서 사랑하신 것에 대한 응답이라고 볼 수 있다. 극한에 이르기까지 당신을 내어 주신 거룩한 정배 그리스도께 자신을 아낌없이 내어 드리고 싶어 결국 온 생애에 걸쳐 동정이나 독신을 선택했다는 의미다. 사랑이란 되돌려 주는 것이므로, 동정부부도 그리스도께 자신들이 받은 사랑을 되돌려 드리고 싶어 했던 것이다.

이는 자신 안에 하느님 외에는 어떤 것도 원하시 않는다는 표시다. 겉으로 볼 때는 동정이란 포기를 통해 이루어지는 것으로 단순히 혼인하지 않고 살거나 혼자 사는 것과 비교할 수 없고 단순히 어떤 가치를 부정하는 것만도 아니다. 요한과 루갈다가 그랬던 것처럼 동정(정결)의 본질은 무엇보다 사랑을 위해 자신을 온전히 내어놓는다는 의미다. 이를 이해한다면 그리스도가 말씀하셨고 동정부부가 살았던 동정에 대해 그리고 독신과 혼인에 대해 제대로 이해할 수 있을 것이다.[204]

엄밀한 의미에서 보자면, 사랑하는 이에게 자신을 온전히 내어 주면서 진정한 자신이 된다는 것은 보통의 배우자를 가진, 혼인한 이들의 마음가짐과 같다. 초남이 동정부부의 삶처럼 동정과 정결의 삶에는 어떠한 단절과 소외도 존재하지 않으며 더욱 적극적인 상호 헌신과 끊임없는 소통이 있었기 때문이다. 동정부부가 이처럼 역동적인 관계 안에서 혼인과 정결의 삶을 살았다는 것을 볼 때, 하늘나라를 위한 동정은 혼인과 반대되는 삶이 아님을 알 수 있다.

---

204. 요한 바오로 2세, 《몸의 신학》, 282쪽 참조.

결국 완전한 부부애라는 것도 유일한 신랑이신 그리스도의 충실함과 내어 줌에 대한 응답이 그 핵심이며, 이러한 바탕 위에서 언뜻 혼인 생활과 상반되어 보이는 수도 서원과 사제 서품이 세워진다고 볼 수 있다. 수도 서원과 사제 서품 모두 자신을 온전히 선물로 드린다는 점에서 '보통의 혼인 생활과 다르지 않다.'[205] 그러므로 혼인을 통해 부부의 삶을 살건 서품과 서원을 통해 사제와 수도자의 삶을 살건, 완덕은 신부인 인간이 드리는 신랑 그리스도의 사랑에 대한 응답이라 할 수 있다. 즉 혼인과 동정(정결) 모두 그리스도께 자신을 선물로 내어놓는 것이기에, 둘 다 그리스도와 함께 가는 삶의 형태인 것이다.[206]

이런 의미에서 볼 때 독신자들이나 혼인하지 않은 이들이 단지 동정을 지켰다고 해서 '완전한' 이들에 속하는 것도 아니고, 반대로 혼인한 이들이 혼인 생활을 한다고 해서 '불완전하거나 덜 완전한 이들'에 속한다고 볼 수도 없다. 금욕이나 동정을 지켜서가 아니라, 동정부부처럼 복음적 권고들(청빈, 정결, 순명)에 바탕을 둔 삶이 동반될 때 완덕에 이른다고 할 수 있기

---

205. 요한 바오로 2세, 앞의 책, 277쪽 참조.
206. 요한 바오로 2세, 앞의 책, 277쪽 참조.

때문이다. 결국 동정이든 혼인이든 교회에 대한 그리스도의 배우자 같은 사랑에서 출발하고 이에 대한 응답으로 실현되는 것이라 할 수 있다.

갈라지지 않은 한마음으로 – 바오로 사도 안에서

바오로 사도가 코린토 신자들에게 보낸 첫째 서간의 7장에서 한 말은 이를 더욱 뒷받침해 준다. 바오로 사도는 혼인한 남자는 아내를 기쁘게 하는 데 몰입해 세상일을 걱정하는 반면 "혼인하지 않은 남자는 어떻게 하면 주님을 기쁘게 해 드릴 수 있을까 하고 주님의 일을 걱정"(1코린 7,32)한다면서 이 둘을 상대적으로 본다. 그렇다고 해서 혼인보다 독신이 더 훌륭한 삶이거나 더 쉬운 삶이라는 뜻은 아니다. 독신의 삶은 혼인의 삶보다 더 갈라지지 않고 흐트러짐 없이 하느님을 온전히 섬기고 헌신할 수 있다는 이점을 말하고자 하는 것이다. 하느님을 기쁘게 해 드리는 자는 자기 자신 안에 갇혀 지낼 수 없으며, 그리스도와 관련된 모든 것에 열려 있게 되기 때문이다.

바오로 사도의 이러한 의도는 《성경직해》에서도 찾아볼 수 있다. 이 책에서 말하는 동정의 이로움이란 한결같은 마음으로 하느님의 일에 힘쓸 수 있고 하느님의 마음을 기쁘게 하며 자신의 몸과 마음을 지키기에 힘쓸 수 있다는 점이다.[207]

초남이의 동정부부 역시 갈라짐 없이 오롯하게 주님의 뜻을 살기 위해 동정의 삶을 살고자 했고, 양쪽 모두 그 가치를 깊게 이해했기에 혼인의 그늘 아래에서 본래 추구했던 삶을 살 수 있었던 것이다.

위와 같은 차원에서, 바오로 사도가 과부들에게 "욕정에 불타는 것보다는 혼인하는 편이 낫다."(1코린 7,9)라고 한 말도 혼인을 욕정의 치료 관점에서만 바라본 것이 아님을 알 수 있다. 각자가 하느님으로부터 고유의 은사를 받듯이 이 역시 하느님의 선물로 이해될 수 있다는 말이다. 즉 혼인이든 동정이든 둘 다 하느님으로부터 그에 필요한 은총을 선물로 받게 되는데, 굳이 금욕을 더 강조하는 것은 혼인이 지니는 필요로부터 자유롭기 때문이다.[208]

---

207. 한국교회사연구자료(서정수 편), 《성경직히》 권1, 263쪽 참조.
208. 요한 바오로 2세, 《몸의 신학》, 295쪽 참조.

그러므로 부부이면서 동정인 요한과 루갈다의 삶은 이 둘을 동시에 살아가기 때문에 성령의 이끄심에 온전히 내어 맡김과 더불어 덕을 닦는 노력이 더욱 철저해야 함을 알 수 있다. 동정으로 살았지만 부부였기에 그에 따른 도리까지 요구되었기 때문이다. 하지만 둘 다 성숙하게 자신의 성소를 인식하고 상대방에 대한 인간적인 도리를 다했기에, 홀로 동정으로 사는 것보다 서로의 삶을 이해하고 교감하면서 도움이 되는 면도 충분히 있었을 것이다.

3. 부부이자 오누이

동정부부와 혼인

1) 조선 후기 사회의 부부관

조선 후기에 천주교가 탄압받은 이유 가운데 하나는, 당시 유교 사회가 남녀와 부부를 상하 지배와 종속 관계로 규정하고 그 질서가 지켜지지 않으면 금수의 상태에 빠진다고 했던 반면에, 천주교는 부부의 동등한 의무와 남녀 평등을 가르쳤기 때문이었다. 또한 천주교는 정덕貞德을 존중하며 동정 생활의 가치를 높이 평가했지만, 유교 사회는 혼인하지 않는 것을 부부의 윤리를 끊고 인류를 멸절시키는 소행으로 간주했기 때

문이었다.[209]

당시 사회에서 후사後嗣를 잇는 것은 조상 제사를 통해 선조의 정신을 이어 가게 하는 것이었므로 후사의 단절은 가장 큰 불효로 간주되었다.[210] 이런 의미에서 혼례는 모든 예의 근본이자 인륜의 근본으로 규범 지어져 있었기에 가문의 여식女息들이 혼인을 거부한다는 것은 당시의 모든 사회 제도들을 근본적으로 거부하는 것과 같은 행동이었다.[211]

이러한 가부장적 사회에서 아내는 남편을 섬기는 것이 근본이었고(夫爲婦綱) 부부 사이에는 엄연한 구별이 있어야 한다(夫婦有別)고 보았다. 결국 상대적으로 남성에게 유리한 유교 이념들인 삼종지도, 칠거지악, 불경이부, 내외법 등이 양반가 여성들에게 요구되었다.

삼종지도三從之道는 양반가 여자가 따라야 할 세 가지 도리로, 어려서는 아버지를, 혼인해서는 남편을, 남편이 죽은 다음에는 자식을 따라야 하는 일방적인 순종을 요구했다.

칠거지악七去之惡은 남편이 아내를 내쫓을 수 있는 일곱 가

---

209. 김진소,《천주교 전주교구사》I, 128쪽 참조.
210. 노길명,《가톨릭과 조선후기 사회변동》, 고려대학교출판부, 1988, 97~98쪽 참조.
211. 김옥희,《한국천주교여성사》I, 235쪽 참조.

지 요건으로, 시부모에게 순종하지 않는 것, 자식을 낳지 못하는 것, 음탕한 것, 질투하는 것, 나쁜 질병이 있는 것, 수다스러운 것, 도둑질하는 것이 그 내용이었다. 자식 특히 아들을 낳지 못하는 것은 노력으로 개선할 수 없는 것인데도 그 자체가 쫓겨날 수 있는 이유가 될 정도로 여성의 권리는 존중받지 못했다.

불경이부不更二夫는 양반가 부녀들이 정절을 굳게 지켜 한 남편만을 섬긴다는 일부종사一夫從事를 의미했다.

내외법內外法은 남녀의 구분을 어릴 때부터 확실히 한다는 의미로 여성의 외출이 제한되고 얼굴을 보여서도 안 된다는 것이었다. 남자가 재혼하거나 첩을 두는 것은 인정하면서도 양반가 여자들에게는 정조貞操와 수절守節을 요구했다.

이처럼 양반가 여성은 여자라는 이유만으로도 감수해야 할 것들이 많았고 경우에 따라서는 노력 여부와 상관없이 불리한 대접을 받았다. 이와 같이 부부 사이에 엄연한 구별이 있었기에 서로를 존중하고 동등하게 여기며 살았던 동정부부의 삶은 하느님의 은총과 성숙한 인성뿐만 아니라 남다른 결심과 희생이 요구되는 것이었다.

2) 당시 교회의 부부관

달레 신부가 지적했듯이, 여성의 권리와 자유가 존중되지 않던 조선 후기 사회에서 아내는 남편에 대해 권리가 없는 의무만을 지는데 반해 남편은 아내에 대해 아무런 의무도 지지 않았다. 또한 부부간의 절개는 아내에게만 요구되었다.[212]

이런 가운데 당시의 교회에서는 인간은 남녀 구별 없이 모두 하느님의 창조물이며 여성도 남성과 다름없이 영혼을 지닌 인격체임을 일깨워 주었다. 예를 들어 동정부부가 살던 시대의 주일 복음 해설서인《성경직해》를 보면, '부부 사이에 자식이 없다 하더라도 하느님의 뜻대로 마음을 평안히 해야 할 것이며, 일부일처제 안에서 부부는 서로 돕고 병들면 서로 돌봐 주고 근심하면 서로 위로해 충성스러운 벗같이 하라'고 가르친다.[213]

일곱 성사의 교리를 설명해 주는《성교절요》의 혼인성사 편 역시 '부부는 서로 돌보고 사랑하고 공경하며, 평생 한마음으

---

212. 달레,《한국천주교회사》上, 191쪽 참조.
213. 한국교회사연구자료(서정수 편),《성경직히》권2, 255~260쪽 참조. '삼왕래조후 제2주일'.

로 수고로움과 평안함, 괴로움과 즐거움을 함께하며, 한쪽이 병들면 다른 한쪽이 도와주고 근심하면 위로하고 자식이 있으면 함께 길러서 선으로 가르치라'[214]고 일러 준다.

즉 이전의 남존여비男尊女卑적 관념 아래에서 남녀나 부부는 상하 수직적인 관계로 규정되었지만, 《성경직해》나 《성교절요》 등의 교리서에서는 남녀가 상호 수평적이고 협조적인 관계임을 강조하면서[215] 남녀 간의 상호 관계를 새롭게 규정해 주었다. 또한 이를 통한 부부간의 화목과 협조를 강조했다.

3) 동정부부의 부부관

함께 지켜 주고 함께 걸어가는 부부

보통의 부부에게는 육체적 결합을 통해 그들의 자녀들을 낳고 기르면서 다져지는 정이 있기 마련이다. 하지만 동정부부는 일반적인 형태의 부부 관계가 아니었기에 이들이 함께 살아가기 위해서는 보통의 부부들보다 훨씬 더 많은 상호 이

---

214. 한국교회사연구소 편집부, 《쥬교요지, 성교절요》, 734~735쪽.
215. 조광, 《조선후기 천주교사 연구의 기초》, 경인문화사, 2010, 18쪽 참조.

유중철과 이순이의 혼인 예식, 탁희성 비오 작, 절두산 순교 성지 소장.

해와 배려가 필요했다. 또한 함께 동정을 지켜 나간다는 것은 상대방이 도와주고 함께하지 않는다면 불가능한 것이었다.

이처럼 예외적이고 극적인 동정부부의 상황은 그들이 자신들의 성소와 실존적인 처지를 가장 잘 이해할 수 있는 상대가 되도록 만들어 갔다. 루갈다가 편지에서 밝혔듯이 이들은 세상 그 누구보다도 상대를 이해하고 배려하며 아끼고 사랑했다. 그리고 단순히 인간적인 이해나 배려에서 멈추지 않고 늘 함께 기도하며 서로 간의 감정 이입과 소통을 원활하게 해 나갔기에 어려움 속에서도 동정의 삶을 함께 지켜 나갈 수 있었다. 또한 서로를 존경하고 배려하는 가운데 서로의 처지와 다른 이들의 처지를 성숙하게 받아들이면서 부부이자 오누이로 살아갔다.

성숙한 친밀함과 연대감

이들은 부부로서 4년을 함께 살았다. 하지만 그것은 남녀 간의 이성적인 사랑과 자녀 출산을 염두에 두고 백년해로하려는 부부로서의 삶은 아니었다. 이들은 만일 나라가 종교의 자유를 허락해 수도의 삶을 살 수 있게 된다면 부부로 사는 삶을 바로 그만두려 했다.

> 두 사람(유중철과 이순이)이 약속하기를, 집안의 재산과 가업을 상속받게 되면 그 재산을 나누어 가난한 사람에게 나누어 주고, 동생에게 후히 주어 양친을 부탁하고, 좋은 세상이 오면 각자 떠나서 살자는 언약을 서로 저버리지 말자고 약속한 때가 작년 십이월이라.[216]

---

216. 이태영, 〈이순이 루갈다가 친언니와 올케에게 보낸 편지〉, 《동정부부 순교자 이순이 루갈다 옥중편지》, 40~41쪽.

그렇다고 해서 이들이 동정을 지키기 위해 부부 행세를 한 위장 부부로 바라본다면 이는 커다란 오류다. 성모님과 요셉 성인이 하느님의 구원 행위에 협력하고 순응하기 위해 일반적인 부부들의 행위(부부 관계 및 자녀 출산과 양육)를 봉헌했지만 서로를 그 누구보다 이해하고 돌보고 사랑했다는 것을 놓쳐서는 안 된다. 마찬가지로 동정부부는 보통의 부부들이 영위하는 삶을 하느님께 온전히 봉헌했지만, 이 밖의 생활에서는 여느 부부들보다 더 깊고 성숙한 부부애를 표현하면서 살았다.

그래서 다블뤼 신부는 젊은 부부가 더욱 진솔한 우정으로 서로를 극진히 사랑하고 함께 기도에 열중했으며, 덕을 실천하도록 서로 격려했음을 전했다. 그랬기에 그들이 특별히 행복했다고 하며 동정인 이들을 기꺼이 천주교인 부부들의 본보기로 삼았던 것이다.[217]

하늘나라를 위한 동정의 삶 자체가 자신을 온전히 내어놓으면서 하느님과 하나가 되는 것이기에 이들은 건강한 부부

---

217. 다블뤼, 《조선 수뇨 순교사 약진》, 129·136쪽; 한국천주교 주교회의 시복시성주교특별위원회, 《하느님의 종' 윤지충 바오로와 동료 123위 – 시복 자료집》 제3집, 302~303쪽 참조.

사이에 필요한 모든 것들을 훌륭하게 나눌 줄 알았다. 즉 서로를 이해하고 믿으며 아끼고 존경하고 사랑했다. 특히 세상이 이해하고 받아들이지 못하는 동정부부의 삶을 살기에, 애틋함과 아련함을 가지고 서로를 대하면서 살았다. 한창 피 끓는 나이에 젊은 남녀가 함께 동정의 삶을 살았을 뿐만 아니라 상호 간의 훌륭한 인격적 관계를 형성했다는 것은 훗날의 육체적 순교를 훨씬 뛰어넘는 것이었다.

루갈다는 특히 유중철을 자신이 섬겨야 할 사람이자 같은 길을 가는 동료이며 오라버니로 여겼다. 유중철 역시 남존여비의 사상이 팽배했던 시대의 통념과 달리 당시 남편들보다 더 깊은 존경과 사랑으로 루갈다를 대했다.

이순이가 유중철을 부르는 호칭에서 나타난 부부 살이

그들의 관계가 어떠한지는 루갈다가 편지에서 요한에 관해 사용한 표현들이나 호칭들을 통해 헤아려 볼 수 있다. 현대어로 번역한 옥중 편지들을 보면, 루갈다가 유중철을 부르는 호칭들에는 '요안', '오라버님', '요안 오라버님', '충실한 벗(忠友)', '충실한 벗 요안(忠友)의 요안'이 있다. 그리고 자신과 요한을 아울러 가리키는 말로는 '두 사람(兩人)', '오누이(兄妹)'가 있다. 이러한 호칭들에서 유중철에 대한 루갈다의 따뜻한 애정과 존경의 감정을 엿볼 수 있으며, 이를 사용한 문장들을 통해 더욱 깊게 느낄 수 있다. 즉 부부이면서 동정이었지만 서로를 대하는 자세에서 성숙한 부부애가 엿보인다. 특히 유중철이 죽은 후 시신의 옷에서 발견된 편지에 써 있던 "누이여, 하늘나라에서 다시 만납시다."라는 말에서도 볼 수 있듯이, 요한 역시 루갈다에게 깊은 사랑과 존경의 마음을 품었음을 알 수 있다.

이들이 이러한 호칭을 사용하면서 기꺼이 부부일 수 있었던 것은, 하느님 나라에서는 부부라도 같은 아버지인 하느님께 속해 있다는 의식으로 서로가 형제자매임을 깨달았기 때문이다.[218] 오누이로서의 운명을 표현하는 가운데 루갈다는 자신이 요한에게 품는 애정과 존경의 마음을 드러냈으며 이를 편지 여러 곳에서 찾아볼 수 있다.

<blockquote>저 사람의 평생 품행을 살피건대 구태여 애달파 할 일이 없구</blockquote>

---

218. 칼 A. 앤더슨·호세 그라나도스 저, 이순·박문수 역, 《사랑이 부르시다》, 사람과 사랑, 2010, 264쪽 참조.

나! 세속적인 모습에서 벗어나 노숙한 경지에 이르렀다 할 만하구나! 즐겨 삼가고, 열심히 사랑하며, 성실하게 살던 자세는 영원히 복되다 하리라![219]

요안 오라버님(유중철)도 어떻게 견디십니까? 그 **오라버님**께 향하는 정은 이제 죽더라도 잊지 못하겠습니다. 세상에서 누가 순명하지 않겠습니까마는, 제가 누구보다도 으뜸으로 따르고 좋아하는 분이 바로 그 **오라버님**이요, 여자로는 아가다입니다. 여기 **요안**을 남들은 남편이라고 말하지만 나는 **충실한 벗**으로 생각하니, 만일 천국에 오르셨다면 저를 잊지 않을 것입니다. **요안 오라버님**께서는 이 세상에 살면서 나를 끔찍이 생각하셨으니…….[220]

여느 부부들과는 달랐던 그들은 상대방의 운명에 무관심했던 것이 아니라 오히려 죽음까지도 함께하고(同日同死) 싶어 한 사이였다.[221]

---

219. 이태영, 〈이순이 루갈다가 친언니와 올케에게 보낸 편지〉,《동정부부 순교자 이순이 루갈다 옥중편지》, 40쪽.
220. 이태영, 위의 책, 61~62쪽.
221. 이는 같은 동정부부의 삶을 살았던 사촌 권천례 데레사가 역시 형벌을 두려워하는 남편 조숙에게 "우리가 천주를 위하여 같은 날 함께 치명하는 것이 천만 배 낫지 않겠습니까?" 하고 용기를 북돋아 주는 것과 같다(달레,《한국천주교회사》中, 95쪽 참조).

다만 마음속으로 잊지 못하는 것은 옥중에 계신 **오라버님** 한 분뿐이다! 그분을 못 잊는 것은 다름이 아니라, 집에 있을 때 마음에 품었던 뜻을 내비쳐서 한마음으로 같은 날 같이 죽자는 것이었습니다. 그러나 서로의 형편이 마땅하지 않아 오히려 머뭇거려, 미처 뜻을 전하지 못한 채 발자취가 끊어져 서로 통할 길이 없었습니다.[222]

그리하여 조용히 구하고 바라는 바는, 주님 위하여 치명하여 한날 한시에 죽자던 것이었는데, 주님의 은총이 이러실 줄 어찌 알았으랴?[223]

신신당부하기를 '한날 한시에 죽자 하더라고 **요안**(유중철)에게 전하시오.' 거듭거듭 부탁하고……'[224]

그러나 그 애정은 단순히 인간적인 차원에서 머문 것이 아니라 지극히 영적인 것이었다. 그것은 요한이 죽었다는 것을 알았을 때 그의 부재를 애통해하기보다는 오히려 하느님의 뜻을 저버리지 않고 순교했다는 사실에 커다란 안심과 기쁨을

---

222. 이태영, 〈이순이 루갈다가 친언니와 올케에게 보낸 편지〉, 《동정부부 순교자 이순이 루갈다 옥중편지》, 36쪽.
223. 이태영, 위의 책, 36~37쪽.
224. 이태영, 앞의 책, 37쪽.

표현한 데서 알 수 있다.

　얼마 지나지 않아 죽었다는 소식이 들리니, 사람의 정으로 볼 때 그 비참함은 오히려 둘째 문제고, **요안**이 복을 받음은 기쁘고 또 기쁜 일이로다! …… 반나절이 지난 후에 이것도 또한 은총인지 마음이 맑아지면서 '이 세상에서 쌓은 공덕이 전혀 없지 않으니 설마 아주 버리시랴!' 하는 생각에 마음이 풀어졌으나…….[225]

　집에서 기별이 오기를, 유중철의 시신을 내어다가 입었던 옷을 보니, 그 누이(이순이)에게 편지를 부치면서 나를 권면하고 위로하여 "**누이**여, 천국에 가서 다시 보자." 했다고 하시더라. 뜻을 정하고 사 년 동안 살면서 동정부부로 살자던 약속을 어길까 서로 염려했는데, 저 사람의 평생 품행을 살피건대 구태여 애달파 할 일이 없구나![226]

　주님을 배반한 자가 될까 하여 밤낮으로 염려하고, 눈물을 흘리며 함께 죽기를 청했더니, 뜻한 바가 이처럼 빨리 올 줄 어찌 알았으랴! 이는 매우 지극한 은총이구나.[227]

---

225. 이태영, 앞의 책, 38쪽.
226. 이태영, 앞의 책, 39쪽.
227. 이태영, 앞의 책, 42쪽.

루갈다의 참된 벗이자 오라버니이자 남편인 유중철 요한은 루갈다를 그 누구보다 아끼고 순수하게 사랑했으며, 천국에서 꼭 함께 살려는 의지로 가득 차 있었다는 것을 루갈다의 편지에서 알 수 있다.

> **요안 오라버님**께서는 이 세상에 살면서 나를 끔찍이 생각하셨으니, 만복소萬福所에 계시면서도 수고로이 저를 생각하여 마음속으로 부르는 소리가 저의 귀에 쟁쟁하여 떠나지 아니할 것이니, 평소에 언약한 바를 제가 저버리지 않고 지킨다면, 이제는 그 소리가 끊어지지 않을까 생각합니다.[228]

혼인과 부부애의 중요성을 알림

루갈다는 동정부부로 살면서 부부애와 혼인의 심원한 의미를 깨달았기에 친정 식구들에게 자신의 체험에서 나온 조언을 아끼지 않았다. 예를 들어, 친정 언니와 오빠를 잃은 올케언니를 위로하고 부부 사이에서 지녀야 할 참된 덕이 무엇인지 표현하면서 무엇보다 상대방의 뜻을 받아 주고 서로 하나임을 기억하라고 당부한다.

---

228. 이태영, 앞의 책, 62쪽.

언니 신세를 생각하면 이 아우의 마음이 아픕니다. 비록 언니의 마음에 합당하지 않더라도, 죄가 아닌 주님의 뜻이라면 좋을 대로 그 뜻을 따라 화목하게 지내십시오. 이 아우는 결혼한 지가 오 년이 되었고, 함께 산 지가 사 년이 되었으나, 한시도 서로의 뜻을 바꿔 본 일이 없고, 집안 사람과 서로 싫어하여 본 적이 없습니다.[229]

작은언니도, 오빠(이경도 가를로) 죽으시거든 인간의 정만 생각하여 서러워 마십시오. 부부는 한 몸이니 한편이 승천했으면 어련히 인도하실 것 아니겠습니까?[230]

친정 조카나 어린 동생들의 미래를 위한 조언에서도 루갈다는 혼인 생활의 중요성을 제대로 알고 있음을 보여 준다. 자신이 비록 동정부부의 삶을 살았고 또 순교의 길을 가지만 다른 이들도 자신과 같은 길을 가기를 권하는 것은 아니었다. 그것은 바로 하느님께서 주신 은총, 즉 성소라고 생각하기 때문이었다. 오히려 조카들이 혼인해 훌륭한 가정을 꾸리기를 바랐다.

---

229. 이태영, 앞의 책, 54~55쪽.
230. 이태영, 앞의 책, 56~57쪽.

> 동아는 우리 오빠의 유일한 딸이지만 다른 아들보다도 더 귀한 자식이니, 영육간에 착실히 양육하여 훌륭한 여자로, 훌륭한 지어미로 키워 주십시오.[231]
>
> 어린 동생들(이경중, 이경언)이 오빠(이경도)가 안 계신 뒤에는 언니에게 의탁을 할 것이니, 오빠의 소임을 대신하셔서 어질게 권장하여, 아무쪼록 뜻한 바를 이루어, 가문을 보존하고 열심히 사는 좋은 선비가 되게 하십시오.[232]

조카들을 걱정하는 마음으로 쓴 조언에는 가정에서 덕스러운 배우자로서의 삶 또한 얼마나 소중하게 생각하는지 명확하게 드러난다.

모든 부부들의 귀감

유중철 요한과 이순이 루갈다는 부부 관계와 자녀 출산이라는 일반적인 부부의 생활을 영위하지 않았지만, 그들의 관계를 자세히 살펴보면 건강한 부부에게 요구되는 상호 신뢰와 애정, 소통과 교감 등을 충분히 지니고 있었다. 특히 같은 부

---

231. 이태영, 앞의 책, 57쪽.
232. 이태영, 앞의 책, 59~60쪽.

르심을 받은 상대방에 대한 커다란 배려와 존경의 자세는 부부의 삶을 살아가는 모든 이들에게 귀감이 된다. 이 때문에 동정의 삶을 살았던 그들에 대해 다블뤼 신부는 부부 생활의 귀감이라고 기꺼이 칭송하며 모범으로 제시했던 것이다.

루갈다의 옥중 서간을 보면, 남자와 여자가 서로 상대방의 인격을 인정해야 가능할 수 있는 '의리'와 '신의' 그리고 내조의 관계를 강조하는 내용이 담겨 있다.[233] 또한 남녀평등의 관계가 조화 있게 이루어졌음을 옥중 서간 곳곳에서 볼 수 있다.[234] 이는 여자는 당연히 남편에게 순종하고, 남자에 비해 불리한 처지에서 살아야 했던 당시로는 의외의 일이었다. 이는 단순히 루갈다의 덕으로만 가능한 것이 아니었고 남편 요한의 협력과 교감이 있어서 가능한 삶이었다. 루갈다는 남편인 요한을 인격적으로 대단히 신뢰한다고 말했는데, 남편인 유 요한의 평생을 보고서 그가 인격적으로 성숙한 사람이며 부지런하고 애정이 깊고 성실했다고 기술한다.

---

233. 김옥희, 《한국천주교여성사》 I, 72쪽 참조.
234. 김옥희, 위의 책, 237쪽 참조.

귀감이 되는 부부 살이를 통해 이들이 광신적이고 비현실적인 신앙이나 신심이 아닌 성숙한 인격의 기반 위에서 덕행을 겸비한 신앙을 지닌 것을 알 수 있다. 이러한 인격적 기반과 성숙한 관계 안에서 덕을 닦아 나간 부부였기에 하느님을 향한 사랑의 절정인 순교를 할 수 있었던 것이다.

4. 초남이의 성가정

동정부부와 가정

사랑과 배려

한 사람을 잘 이해하기 위해서는 그가 자라 온 가정에 대해 알아야 한다는 것을 동정부부의 성장 배경을 다루면서 이미 살펴보았다. 사람은 부모를 비롯한 가족 구성원들과의 관계 속에서 성장하고 인격을 형성해 나간다.

요한과 루갈다는 한 번도 홀로 산 적이 없으며 혼인 이전이나 이후나 늘 가정 안에서 살았다. 혼인 이전의 초남이와 서울에서의 삶을 통해 요한과 루갈다는 참된 신앙과 사람됨의 양성을 받았으며, 그 진가는 혼인 이후 초남이 가정에서 함께 사는 동안 그대로 드러났다. 때문에 이들을 제대로 이해하기 위해서는 이들이 가정 안에서 어떻게 살았고 가족 구성원들을 어떤 자세로 대했는지를 알 필요가 있다. 하느님의 보편적인 사랑이 부부 안에 스며들어 서서히 다른 이들에게 확산되어 갔는데, 이는 하느님에 대한 이들의 순수한 사랑과 인격적 성숙이 그들의 부부 생활 못지않게 가정생활에서 확연히 드러났기 때문이다.

앞부분에서 다룬 것처럼, 부부 각자가 건강한 가정의 울타리 안에서 성장했고 또 초남이의 대가족 안에서도 장남과 큰며느리로서의 역할을 훌륭하게 해 나갔다. 그래서 다블뤼 신부는 이들이 동정부부임에도 불구하고 부부들의 본보기일 뿐만 아니라 결속된 가정의 훌륭한 본보기가 되었다고 자신 있게 표현했던 것이다.[235] 특히 루갈다는 친정 식구들뿐만 아니라 시댁 식구들 모두를 사랑을 다해 대하고 종들에게도 예의를 갖추었기에, 오늘날의 우리가 루갈다의 가정생활에 대해 배울 바가 많다.

그들은 종교적 이상을 추구하여, 하느님의 뜻대로 살기 위

---

235. 다블뤼, 《조선 주요 순교자 약전》, 123~124쪽; 한국천주교 주교회의 시복시성주교특별위원회, 《하느님의 종 '윤지충 바오로와 동료 123위 - 시복 자료집》 제3집, 294~295쪽 참조.

성가정, 치명자산 성당 내 모자이크, 남용우 마리아 작.

해 보통 사람들이 누리는 것들을 많이 포기했지만, 정상적인 가정의 일원으로서 놀랄 만한 탁월함을 지녔다. 그것은 부모에게 효도하고, 높고 낮음에 상관없이 모든 이들을 사랑하기를 원하시는 예수님의 뜻을 가정에서부터 철저하게 살아왔다는 표시다. 어떻게 보면 그들의 위대함은 이런 평범한 상황에서 더 잘 찾아볼 수 있다.

이처럼 동정부부의 가정관은 단지 개인의 깊은 성찰의 결과가 아니라, 초남이 집안의 성숙하고 배려하는 가정생활의 덕이자 루갈다의 친정 집안의 분위기와 교육의 결과임을 알 수 있다. 또한 루갈다가 친정에서 받은 가정 교육은 시댁에서의 언행에 막대한 영향을 끼쳤음을 옥중 서간을 통해 짐작할 수 있다.

1) 이순이의 친정

옥중 서간의 집필 동기

이 서간들은 자기 주변에서 당하는 모든 박해나 순교의 기록을 남기라는 주문모 신부의 부탁에 의해 쓰인 것이다.

> 야고보(주문모 신부)께서 계실 때에, 그분께서 우리 집안의 풍파를 자세히 기록하여 두라 하시기에, 여기에 온 후 요한(루갈다의 시동생인 유문석)편에 관청에서 진술한 기록을 집으로 보냈는데, 어찌하셨습니까?[236]

루갈다 남매들이 쓴 편지의 수신자들 모두 루갈다의 친정 식구들이니, 그 집필 동기란 바로 서울에 사는 어머니와 가족들에

---

236. 이태영, 〈이순이 루갈다가 어머니에게 보낸 편지〉, 《동정부부 순교자 이순이 루갈다 옥중편지》, 28쪽.

대한 각별하고 애틋한 사랑에서 비롯되었다고 볼 수 있다. 편지를 쓴 장소도 한가한 규방이 아니라 긴장감이 도는 옥중이었다.

> 제가 잡혀 올 때에 일이 쉽게 끝날까 하여, 경황 중에 두어 자를 써서 이별을 아뢴 것이니, 어머님께서 이 편지를 보시고 나면, 이동 언니(친언니)에게도 주어 저를 본 듯이 하십시오.[237]
> 치명의 결실을 맺기 전에 이처럼 붓을 들어 글을 쓰는 일이 참으로 경솔한 짓이지만, 어머님의 근심을 풀어 드리고 반기시게 하려는 일이니, 이것으로써 위로를 삼으시기 바랍니다.[238]
> 어머님과 언니들께서 애통하실 일을 생각하는 중에도, 차마 잊지 못해 유언을 남기오니, 이 아우의 임종 유언을 저버리지 마십시오.[239]

루갈다는 곧 순교하게 될 자신의 처지에 대한 친정어머니의 걱정과 염려를 덜어 드리고 어머니에 대한 애절한 마음을

---

237. 이태영, 〈이순이 루갈다가 친언니와 올케에게 보낸 편지〉, 《동정부부 순교자 이순이 루갈다 옥중편지》, 66쪽.
238. 이태영, 〈이순이 루갈다가 어머니에게 보낸 편지〉, 《동정부부 순교자 이순이 루갈다 옥중편지》, 27쪽.
239. 이태영, 〈이순이 루갈다가 친언니와 올케에게 보낸 편지〉, 《동정부부 순교자 이순이 루갈다 옥중편지》, 47쪽.

옥중에서 편지 쓰는 이순이 루갈다, 탁희성 비오 작, 절두산 순교 성지 소장.

표현하며 친정 식구들을 신앙 안에서 격려하기 위해 편지를 쓴 것이다. 즉 친정 가족들에 대한 사랑과 염려가 루갈다 남매의 옥중 서간 집필 동기가 된 셈이다.

사랑 어린 위로와 격려

루갈다의 편지 곳곳에서 드러나는 친정 식구들에 대한 애틋한 사랑과 걱정은 단순히 지적으로만 잘 양성된 여인이 아니라 정서적인 차원에서 사랑하고 기억하고 걱정하고 보듬어 안는 모범적인 신앙인이자 성숙한 사람의 모습을 보여 준다.

편지의 주된 내용 가운데 하나는 곧 맞이할 자신의 죽음으로 슬퍼할 어머니와 친정 식구들에게 순교를 통해 영원한 행복을 누릴 터이니 마음 상하지 말고 오히려 자랑스러워 하라고 위로하며, 하늘나라에서의 만남을 기원하는 것이다. 자신의 어려운 처지에 대해 위로를 요청하는 것이 아니라 살아남은 가족들을 위로하는 루갈다의 편지에는 누구보다 친정어머니에 대한 안타까움과 애절한 사랑이 빼곡히 담겨 있다.

> 천만번 바라니 마음을 너그러이 자제하십시오. 이 세상은 헛되고 거짓된 것으로 생각하십시오. 드릴 말씀이 많고 많으나 편지로는 다 말씀 드릴 길 없어 대강 이만 아룁니다.[240]
>
> 만 번 엎드려 바라오니 마음을 너그러이 하시어 자제하십시오. 영원한 세상에서 모녀의 정을 다시 온전히 이읍시다.[241]
>
> 경이 형제와 형님 형제(친언니·올케)에게 의탁하시고 우리 남매는 생각하지 마십시오. 아무쪼록, 충주댁을 빨리 데려다가 함께 지내시기 바랍니다.[242]

---

240. 이태영, 〈이순이 루갈다가 어머니에게 보낸 편지〉, 《동정부부 순교자 이순이 루갈다 옥중편지》, 28쪽.
241. 이태영, 위의 책, 26쪽.
242. 이태영, 앞의 책, 25쪽.

하지만 어머니를 위로하고 걱정을 덜게 하기 위해 자신을 치켜세우거나 자신의 행위를 미화시키지 않고 순교 앞에서도 자신의 부족함을 고백하며 영원한 생명을 바라보기를 당부한다.

> 제가 지금 세상에 살아 있는 것은 진실로 떳떳치 못한 일입니다. 쓸데없는 자식이지만, 특별한 은총으로 치명의 결실을 맺는 날이 오면, 비로소 어머님께서도 기특한 자식을 두었다고 할 것이요, 저도 또한 떳떳한 자식이 될 것입니다. 치명하는 일이야말로, 미천하고 쓸데없는 자식을 진실되고 보배로운 자식으로 만드시는 것이니, 천만번 바라오니, 너무 마음 상하지 마시고 너그러이 참으십시오. 이 세상을 꿈같이 여기시고 영원한 세상을 고향으로 아시어, 아주 조심하여 순명하시다가 이 세상을 떠나신다면, 보잘것없는 이 자식이 영원한 복락의 면류관을 쓰고 즐거운 복을 지닌 채, 어머님의 손을 붙들어 영접하여 함께 영원한 복락을 누릴 것입니다.[243]

또한 같은 처지에 있는 친정 오빠 이경도의 아내인 올케언니에게도 어머니에게와 같은 위로를 한다. 자신도 죽음을 앞

---

[243] 이태영, 앞의 책, 23~24쪽.

둔 처지이고 옥중인지라 결코 평온한 상황이 아닌데도 오빠에 대한 사랑과 걱정 그리고 오빠를 잃었거나 잃게 될 올케에 대한 걱정을 섬세하게 표현한다.

> 올케언니! 너무 설워 마세요. 오빠가 비록 죽지만 참된 남편을 두었다고 할 것이니, 언니가 치명자의 아내가 되심을 천만번 축하드립니다. 이 세상에서는 잠깐 부부가 되고, 영원한 세상에서는 성인의 반열에 올라, 모자·형제·남매·부부가 영원한 세상에서 즐기면 얼마나 좋겠습니까?[244]
>
> 불쌍하신 오라버님(이경도 가를로)은 죽으셨는가 살아 계신가? 구월 십오일에 소문으로 들은 후, 제가 붙잡혀 옥에 갇힌 뒤 소식을 전혀 들을 길이 없어 늘 답답합니다.[245]
>
> 집안 형편은 어떠하고, 어머님과 올케, 언니께서는 어떻게 견디시며, 의지할 만한 사람이 하나도 없을 듯하니, 그간 괴로운 마음이야 어찌 말로 형용할 수 있겠습니까? 오라버니가 돌아가셨다면 초상은 어떻게 치르셨습니까? 아직 돌아가시지 않으셨다면 차가운 감옥에서 어찌 견디실까? 죽었거나 살았거나 어머

---

244. 이태영, 앞의 책, 26쪽.
245. 이태영, 〈이순이 루갈다가 친언니와 올케에게 보낸 편지〉, 《동정부부 순교자 이순이 루갈다 옥중편지》, 30~31쪽.

님 애간장은 애끓듯이 녹으실 것입니다.[246]

올케언니! 오라버니 돌아가시거든 너무 서러워하지 마시고, 마음을 편안히 가져 무익하게 상심하지 마십시오. 주님의 은혜에 감사하며, 두 집안의 어른들을 잘 모시고 어린 것들을 잘 보살피십시오. 부디 통회하여 전교하는 일에 몸과 마음을 다해 힘쓰셔서, 오라버니 뒤를 좇아 따르도록 노력하십시오.[247]

단순히 자신의 죽음으로 인해 가족들이 겪게 될 고통을 덜어주기 위해 감정적으로 호소하는 편지가 아니다. 오히려 그 뒤에 그들이 살아야 할 자세와 신앙에 대해 간곡한 당부를 한다.

제가 죽으면 산 것으로 아시고 살면 오히려 죽은 것으로 아시어, 저의 죽음을 서러워 마십시오. 오히려 지난날에 주님 잃은 것을 서러워하시며, 다시 주님을 잃을까 염려하십시오. 백만 가지 설움을 돌이켜 지난날 주님 잃음을 생각하며 울고, 힘을 써 지난 일을 보속하고, 성모님께 의탁하여 마음을 평화롭게 하시면서, 천주의 자리에 가시기를 힘쓰십시오. 일마다 마음 편히 순명하

---

246. 이태영, 앞의 책, 31~32쪽.
247. 이태영, 앞의 책, 52~53쪽.

시면, 이 서러움을 주어 단련시키고자 하시던 주님의 뜻에 합당하게 되어, 주님께서 반드시 사랑하시며 보살피실 것입니다.[248]

또한 루갈다의 편지에서 친정 가족들과 조카들, 언니와 형부와 사돈어른의 안부까지 묻고 걱정해 줄 정도로 섬세하고 자상한 마음과 깊은 배려를 읽을 수 있다.

희아 형제(이경중·이경언)와 동아는 병이나 없이 지내고 있습니까? 매동에서 뜸한 소식이나마 언제 들으셨으며, 안어르신네(안사돈) 병환은 어떠하십니까? 이동에서도 언니 시부모께서 우리 집안의 처참한 모습을 보시고 마음 상하여 슬퍼하시다가 병이나 나지 않으셨으며, 언니의 시숙께서도 평안하시고, 춤아(큰언니의 아들)도 건강합니까? 저는 이 모든 사람들을 그리워하는 마음이 간절합니다.[249]

어머니에게 말한 것처럼 자신의 죽음으로 마음고생을 할 친정 언니들에게도 자신의 죽음을 슬퍼하지 말고 기뻐해 달라

---

248. 이태영, 앞의 책, 49~50쪽.
249. 이태영, 앞의 책, 32쪽.

고 하면서 형제간의 정으로 인해 겪게 될 아픔을 말한다.

> 쓸모없는 이 아우로 인하여 마음 괴로우시겠습니다. 그러나 우리 언니는 바다와 같은 넓은 마음이시라서 슬기롭고 어지시니 잘 참으실 것입니다. 마음을 진정하실 것이지만 쓸데없이 염려됩니다. 혹시 형님들이 괴로운 생각이 들더라도 마음속에 사사로운 정을 두어 쓸데없는 분심을 갖지 마십시오. 부모 자식간의 정과 형제간의 정은 사람이 말로 다 표현하기 어려운 것입니다. 영혼이 육신을 벗어나기 전까지는 혈육간의 정은 부득이한 일이라 하지만, 조금이나마 주님을 따르는 데 열심해야지, 어찌 이별하는 일에 쓸데없이 마음을 쓰실까 오히려 걱정스럽습니다. 언니들 심정이야 오죽 괴롭겠습니까마는, 만일 치명의 은혜를 입는다면 서러워할 일이 없을 것이니, 서러워하지 마시고 즐거워하시기 바랍니다. 어머님과 언니들께서 애통하실 일을 생각하는 중에도, 차마 잊지 못하여 유언을 남기오니, 이 아우의 임종 유언을 저버리지 마십시오. 천만번 바라오니, 제가 죽었다는 소문을 듣고 지나치게 슬퍼하지들 마십시오.[250]

---

250. 이태영, 앞의 책, 46~47쪽.

덕을 닦으십시오

옥중에서 틈나는 대로 적은 편지에서 루갈다는 어떻게 신앙생활을 해야 하고 또 어떠한 자세로 덕을 닦아야 하는지 더욱더 구체적으로 설명해 준다. 단순히 죄를 피하고 선행하는 것에 그치지 않고 무엇보다 일상 속에서 사랑하고 용서하고 화해하라는 작지만 소중한 진리에 대해 아주 명확하게 말한다. 이와 같은 섬세한 부탁의 말들은 평상시 그녀가 지녔을 신심을 간단하게 요약해 주는 셈이다.

> 이렇게 주님의 은총을 얻고도, 공 세울 기회에 무익하게 상심하여 주님께 죄를 짓는다면, 어찌 그런 일이 있을 수 있겠습니까? 죄를 짓지 않도록 자세히 살피고, 매사에 순명하여, 마음을 편히 하십시오. 예전에 지은 잘못을 보속하고 선을 베풀어 공을 세우시어, 비록 작은 허물이라도 큰 허물처럼 살피시고, 마치 대죄를 지은 것처럼 통회하십시오. 선을 베풀 기회이거든 작은 선이라도 버리지 말고, 오로지 주님의 도우심만을 의지하며 살다가 선종하도록 노력하십시오.[251]
>
> 남을 용서하며, 자신을 성찰하고, 힘써 화목하시어, 어머님께

---
[251]. 이태영, 앞의 책, 50~51쪽.

> 서는 주님의 뜻에 합당한 노인이 되시고, 언니들은 사랑하는 딸이 되시면 얼마나 좋겠습니까?[252]

특히 언니들에게 친정어머니를 부탁하는 부분에서 루갈다는 어른을 어떻게 모시고 대해야 하는지 아는 사람답게 지극히 섬세하고 자상하며 속 깊은 모습을 보인다. 외적인 것 이전에 어른의 마음을 편하게 해 드리고 그 뜻을 받들며 재롱을 부리면서라도 마음을 기쁘게 해 드리라는 권고를 통해 어른들에 대한 참된 도리가 무엇인지를 우리에게 가르쳐 준다. 이는 루갈다 본인이 시댁에서 구체적으로 살았던 내용이므로 그만큼 설득력 있게 다가온다.

> 이 아우는 이십 평생 동안 병이 없는 날이 없었고, 일마다 불효만 끼치다가 결국 자식된 보람도 없이 죽으니, 언니들은 저를 대신하여 착실히 효도하고 봉양들 하십시오. 어른의 육신을 잘 봉양함도 좋지만, 마음을 잘 봉양하는 것이 더욱 좋습니다. 예로부터 증자會子의 효도가 증원會元의 효도보다 낫다고 하였습니

---

252. 이태영, 앞의 책, 52쪽.

다.²⁵³ 이 아우도 시부모를 모시고 살아 보니, 어른들은 당신의 뜻을 받아 주는 것을 가장 좋아하십니다. 집안 형편이 가난하여 뜻과 같이 봉양하지 못하겠지만, 마음을 잘 받들어 위로하고 보호하시며, 혼미한 정신을 잘 깨우치면, 설령 나이가 들어서 정신이 희미하여 그르치는 일이 있을지라도, 이치를 따져서 말하지 말고, 온화한 얼굴로 간절히 말씀드려 주십시오. 아무리 서러운 생각이 들지라도, 어머님을 생각하여 슬픈 낯빛을 감추고, 가끔 어리광도 하고, 또 억지로라도 우스운 말도 하여, 어머님을 잘 모셔 주십시오.²⁵⁴ …… 부모가 있는 사람은 서럽다고 해도 너무 서러운 대로 하지 못하는 것이니, 이 점을 잘 생각하십시오.²⁵⁵

부부의 관계에서 배우자의 뜻을 받들도록 노력하라고 조언

---

253. 증자의 효행은 《맹자》의 〈이루離婁〉편에 기록되었다. 증자가 아버지 증석曾晳을 봉양할 때 밥상에 반드시 술과 고기가 있었는데, 식사 후에 밥상을 치우려 할 적에 증자는 반드시 "누구에게 주시겠습니까?" 하고 청하여 물었다. 증석이 "남은 것이 있느냐?" 하고 물으면, 증자는 반드시 "있습니다."라고 대답했다. 증석이 죽고, 증자는 아들 증원曾元에게 봉양을 받았는데, 그 밥상에도 반드시 술과 고기가 올라왔다. 그러나 밥상을 치울 적에 증원은 "누구에게 주시겠습니까?" 하고 청하지 않았으며, 증자가 "남은 것이 있느냐?" 하고 물으면, 반드시 "없습니다."라고 대답했다. 이는 그 음식을 다시 올리려고 해서였다. 이는 이른바 '입과 몸만을 봉양한다'는 것이고, 증자의 경우는 '부조父祖님의 뜻을 봉양한다'는 것이다.
254. 이태영, 〈이순이 루갈다가 친언니와 올케에게 보낸 편지〉, 《동정부부 순교자 이순이 루갈다 옥중편지》, 58~59쪽.
255. 이태영, 위의 책, 61쪽.

한 루갈다는 부모 자식 사이에서도 어머니, 어른들의 뜻을 받들라고 권고한다. 그것은 바로 어머니(어른)의 마음을 헤아리는 것이며, 어려움이 있더라도 어머니의 마음을 상하게 하지 않도록 이를 감추며 따뜻하게 다가서라는 실천적인 충고를 해 준다.

2) 이순이의 시댁 - 유중철의 가정

시부모의 마음을 편하게 해 드림

친정 구성원은 태어나면서부터 계속 함께해 온 혈육인데다가 그간의 추억들이 쌓여서 사랑의 정이 자연스럽게 나오지만, 시댁은 남편의 가족이고 성장한 다음에 인연을 맺은지라 친정에 비해 깊은 사랑을 나누기가 쉽지 않을 수 있다. 그러나 루갈다의 편지글을 보면, 아직 어린 나이인데도 시집에서 사는 4년 동안 누구와도 마음 상하는 일 없이 살았고, 시댁 식구들도 친정 식구들처럼 여기는 깊은 마음에 놀라지 않을 수 없다. 그것은 외적으로만 평화를 유지하는 것이 아니라 마음속으로부터 그들을 위하고 한 가족이라고 느끼는 삶이라 할 수 있다.

당시 여인들은 시집살이를 하나의 고통으로 생각하는 경향이 있었다. 그러나 이 루갈다가 옥중 서간에서 시댁에 대해 언급한 부분들을 보면, 안팎으로 시댁에 대해 원망하는 기색이 전혀 없고, 오히려 맏며느리로서 모든 본분을 충실히 지키고 온갖 고충을 참으며 더불어 살아간다.[256]

이는 유한당 권씨가 쓴 《언행실록》을 연상하게 한다. 이 책은 시댁 식구들의 화평을 위해 필요한 자세에 관해 상세히 가르치는 내용이 있는데, 단순히 외적인 언행에만 집중되지 않고 이를 위해 필요한 마음가짐을 함께 설명한다.[257] 쓸데없는 말을 삼가고 언행을 주의 깊게 하며 남의 허점을 들춰내거나 알리지 말아 가족 간의 우애를 다지게 하라는 유한당 권씨의 가르침은 결국 덕이 있는 사람이어야 행할 수 있는 자세라 할 수 있다. 이러한 덕스러움을 통해 가정 안에서 평화를 유지하는 것은 루갈다가 시댁 초남이에서 살았던 방식이기도 하다.

---

256. 김옥희, 《한국천주교여성사》 I, 245쪽 참조.
257. 유한당 권씨 저, 김옥희 역, 〈류한당 언행실록〉 6~7, 《말씀터》 제56~57호, 한님성서연구소, 2007. "부모 섬기는 도리는 효성이 으뜸이라 기운을 나직히 하고 화열히(평화롭고 열심히) 하며 온공히(온순하고 공손히) 하여 뜻을 맞추어 매양 마음을 평안하시게 하고 즐거워 하시게 할지니라. 소학_{小學}에 말하였으되 며느리 시부모 섬기기를 자기 부모 섬김과 같이 하여 …… 매사를 친집하여(스스로 잘 살펴서) 부모의 마음이 미진함이 없도록 할 것이요, …… 부모가 늙으시면 같이 함께 말씀할 아무도 없어 적막하실 적이 많으시나니 때때로 자식들 다 데리고 부모를 뫼셔 고적하신 마음을 위로하며, 즐기는 음식과 하고자 하시는 일을 뜻에 맞도록 해 드리며……."

특히 《언행실록》 열 번째에서 '부모와 시부모 섬기는 법'에 대해 자세히 설명하는데, 부모 섬기는 도리는 지성으로 효도함이 으뜸이라 하여 편안하고 마음이 즐겁도록 해 드리고, 의식주에 부족함이 없이 해 드리며, 무엇보다 시부모를 정성스럽게 모시고, 집안의 살림살이나 재산은 시부모의 허락을 받고 사용해야 된다고 말한다. 나아가 궁극적으로 효도는 단순히 겉치레로만 위하는 것이 아니라 부모의 마음과 정신까지 편안하게 해 드리는 것이라고 하는데,[258] 이는 루갈다가 편지에서 당부했고 또 직접 살아온 것이었다.

시댁 식구와의 정신적 유대감

루갈다는 항상 시부모에게 효성을 다했고, 온 가족과 완벽한 조화 속에 살았다.[259] 4년 동안 함께 살아온 시댁 식구들에 대해 말한 부분에서는 루갈다가 구체적으로 가족 구성원들과 어떻게 지냈는지 알 수 있다. 특히 시아버지의 죽음으로 인해 삶의 의지를 잃을 정도로 깊이 아파하는 속 깊은 며느리의 모

---

258. 유한당 권씨, 〈류한당 언행실록〉 6, 《말씀터》 제57호, 22쪽. "부모의 마음을 편토록 하여 드리는 것이 지극한 효도니라."; 김옥희, 《한국천주교여성사》 I, 61~62쪽 참조.
259. 다블뤼, 《조선 주요 순교자 약전》, 129~136쪽; 한국천주교 주교회의 시복시성주교특별위원회, 《하느님의 종 '윤지충 바오로와 동료 123위 - 시복 자료집》 제3집, 302~303쪽 참조.

습이 보이며, 시아버지에 대한 지극한 존경과 사랑의 정이 돋보인다. 이는 다른 한편으로 유항검이 며느리 루갈다의 처지를 이해하며, 그녀에게 커다란 사랑을 주었고 덕스러운 모습도 보여 주었다는 의미도 될 것이다.

> 올해 들어 애간장을 녹이다가 결국 어찌할 수 없어 시아버님을 여의게 되니 저도 살고 싶은 마음이 없습니다. 기회를 보아 주님을 위해 목숨을 바치리라 결심하고, 큰일을 도모해 있는 힘을 다했으나, 어찌 될는지 알지 못하겠습니다.[260]
> 언제나 감옥을 벗어나서, 하느님과 성모님과, 존경하는 시아버지(유항검)와, 나의 동생(유중성)과, 충실한 벗인 요안(유중철)을 만나 즐길까 생각하지만, 죄 많은 이 몸이 다만 바라기만 할 뿐, 제 뜻같이 그렇게 쉽게 될 리가 있겠습니까?[261]

이는 단순히 인간적인 친밀감만이 아니었고 신앙 안에서의 깊은 동지 의식이었다. 루갈다가 평소에 시댁 식구들과 누린 신앙 안에서의 정신적 유대와 일치는 함께 순교하자고 다짐할

---

260. 이태영, 〈이순이 루갈다가 친언니와 올케에게 보낸 편지〉, 《동정부부 순교자 이순이 루갈다 옥중편지》, 33쪽.
261. 이태영, 위의 책, 63쪽.

정도로 크게 무르익어 있었다.

> 시어머니의 형제 두 분과 시숙 형제와 함께 우리 다섯 사람이 주님을 위하여 치명하기로 서로 뜻을 정하니 그 뜻이 단단한 바위와 같구나![262]
> 마음이 통하고 뜻이 같으니 서로 믿고 사랑하는 바가 빈틈이 없어, 우울한 서러움이 자연 잊혀지고, 갈수록 은총이 충만하구나![263]
> 시어르신네 동서분과 서울에 계시던 시사촌과 뜻을 합하여 협력하니, 함께 심문을 당하고 함께 형벌을 받아 함께 갇혔으니, 마침내 함께 죽게 될 듯합니다.[264]

그리고 시댁 생활 4년 동안 시댁 식구들과 겉으로만이 아니라 마음속으로도 좋아하고 우애 있게 지냈다는 솔직한 고백은 그녀가 얼마나 덕스러운 인물이었는지 가늠케 해 준다.

> 이 아우는 결혼한 지가 오 년이 되었고, 함께 산 지가 사 년이

---
262. 이태영, 앞의 책, 35~36쪽.
263. 이태영, 앞의 책, 64쪽.
264. 이태영, 앞의 책, 55쪽.

되었으나, 한시도 서로의 뜻을 바꾸어 본 일이 없고, 집안 사람과 서로 싫어하여 본 적이 없습니다.[265]

깊은 사랑과 배려

루갈다의 편지글에서는 자신과 마찬가지로 어려움에 놓인 시누이에 대한 애정과 염려, 어린 시동생들의 운명에 대해 커다란 아픔을 호소하는 부분에서 시댁 가족 모두에 대한 그녀의 깊은 사랑과 배려를 엿볼 수 있다.

우리 시누이(유중철의 여자 형제)는 고생을 모르고 지내던 몸인데, 부모·동생 다 잃고 가산까지 빼앗겼으니, 대궐 같은 집을 버리고, 초라한 초가집에서 불쌍한 숙모와 늙고 병든 할머니를 의탁하고, 신행길도 가지 못했는데 시댁에서는 데려가느니 마느니 하고 있으니, 그 신세도 딱히 가련하고 불쌍하니, 어찌 말로 다 할 수 있겠습니까? 우리 세 분 시동생은 아홉 살(섬이), 여섯 살(왈석), 세 살(왈문)밖에 안 된 아이들인데, 이들을 각각 흑산도, 신지도, 거제도로 멀리 유배시키니, 그런 꼴을 어찌 차마 볼 수가 있겠습니까?

---

265. 이태영, 앞의 책, 63~64쪽.

유중철 동생들 유배 가는 장면, 탁희성 비오 작, 절두산 순교 성지 소장.

언니들에게 쓴 편지에서는 감옥에 있는 시숙모의 예를 들면서 이를 본받으라고 권할 정도다.

> 여기에 함께 계시는 우리 시숙모께서는 아들만 하나 두었다가, 이제 우리와 더불어 치명하려 하여 함께 형벌을 받고 갇혔으나, 지극히 순명하며 태연하게 계신다 하오니, 이런 분들로 표양을 삼으시고, 우리 성모님과 옛 성인들을 본받아 무익한 것에 마음을 쓰지 마십시오.[266]

---

266. 이태영, 앞의 책, 53쪽.

루갈다의 편지글에는 친정과 시댁 식구들에 대한 애정과 걱정과 권고가 담겨 있는데, 이는 하늘나라를 위한 동정의 삶이 가정사 안에서 구체적인 애덕의 실천으로 드러났음을 의미한다. 신앙의 두터움을 핑계로 일상사의 가치들을 가볍게 보지 않고, 살아가는 바로 그 가정 안에서 하느님에 대한 사랑을 그대로 녹여냈던 것이다.

달레 신부 또한 루갈다가 시댁에서 살며 한 집안의 맏며느리로서 가족 모두를 정성스럽게 대했으며, 모든 일에 있어 덕스러운 모습을 보였다고 기록했다. 그는 무엇보다 남편 유 요한의 신앙과 덕스러움이 함께했기에 가능했다고 언급했다. 또한 사람들이 이들의 모범적인 가정생활을 본받기를 바라는 마음을 전했다.

> 결혼 전이나 결혼 후나 루갈다는 천주교의 덕행을 닦는 데 전심하여 시부모를 공경하고 그들에게 순종하며, 겸손하고 자비심이 있고, 모든 본분을 충실히 지켜 나갔다. 감탄할 만큼 온순하고 친절하여 그는 그 많은 식구 아무와도 조그마한 불화도 결코 없었으며, 조선식 표현을 따른다면, 루갈다는 자기의 존재와 착한 모범으로 자기 집뿐 아니라 온 이웃에 향기를 풍겼다. 그

의 남편 요한도 성실하고 솔직한 신심과 굳은 신앙과 열렬한 애덕을 가지고 있었다. 본분에 충실하고 올바른 생활을 하며 세속의 모든 허영을 업신여겨, 젊은 나이에도 불구하고 점잖고 진중한 어른 대접을 받았다.[267]

---

267. 달레, 《한국천주교회사》 上, 536쪽.

5. 날로 커 가는 사랑

동정부부와 이웃

1) 모든 사람들과의 연대감

참된 영성은 하느님만을 바라보는 것도 아니요, 자신 안에 갇혀 지내는 것도 아니다. 바로 하느님으로부터 받은 사랑을 하느님께 되돌려 드리는 것인데, 이는 구체적으로 하느님이 사랑하시는 사람들에 대한 관심과 애정으로 나타난다. 하느님의 사랑은 자신 안에 가둬 놓을 수 없고 오히려 흘러넘치기 마련이기 때문이다.

사람은 자기가 사랑하는 사람을 닮아가듯, 요한과 루갈다 역시 자신들이 만나고 사랑했던 하느님을 닮아갔고, 하느님에 대한 그들의 지극한 사랑과 믿음은 구체적으로 모든 이들에 대한 사랑으로 표현되고 승화되었다.

그런 면에서 볼 때 전주 초남이의 동정부부가 지극히 제한된 조건에서 살았기 때문에 언뜻 부부끼리나 초남이 가족들과만 교감한 사람들로 비춰질 수도 있다. 그러나 루갈다의 글을 읽어 보면 단순히 가까운 골육들뿐만 아니라 어려운 처지에 있거나 사회적으로 자신들보다 못한 모든 이들에 대해서도 깊은 사랑과 연대감을 지녔음을 알 수 있다. 행동반경은 초남이 집안이었지만 그들의 마음은 울타리를 훨씬 뛰어넘었다.

특히 조선 후기는 사회적 불평등이나 신분의 차이 또는 성차별 등을 당연한 것으로 여기는 사회였다. 반면에 천주교에서는 인간이 하느님의 피조물이라는 것을 근거로 하느님에 대한 사랑이 모든 것의 원천이며 모든 인간은 신분이나 처지나 성별에 상관없이 모두 하느님의 모상임을 가르쳤다. 또한 모든 사람을 자신과 같이 사랑해야 한다고 강조했다. 이러한 애주애인愛主愛人의 가르침은 모든 이를 형제처럼 사랑하며 서로

용서하고 화목해야 함을 강조했으며, 모든 이들과 화목한 사람만이 천주의 자녀가 될 수 있다고 가르쳤다.[268] 이처럼 당시 한글로 쓰인 가톨릭 서적들에서는 인간의 존엄성과 인간에 대한 사랑 및 인간 상호 간의 화목을 강조한다.[269]

예를 들어, 이벽(1754~1786년)은 《성교요지聖敎要旨》에서 가족과 혈연의 울타리를 넘어서는 사랑의 실천을 강조한다.

> 가족들이 어른을 받들고, 형제자매들이 효성을 잘하여 부모를 기쁘게 하며, 어린이와 약한 자를 도우면 아름답도다. 집안에는 각박함이 비로소 사라지리니 종들을 불쌍히 여겨 아끼고, 널리 인도의 근원을 보호하면 평화스럽고 강녕하며 마음이 기쁘고 안락하리로다.[270]

---

268. 한국교회사연구자료(서정수 편), 《성경직히》 I, 569~570쪽 참조. 권3 봉지후三쥬일.
269. 조광, 《조선후기 사회와 천주교》, 경인문화사, 430~434쪽 참조.
270. 이벽 저, 하성래 역, 《성교요지》, 한국천주교회고전총서 2, 성황석두루가서원, 23장, 86쪽.

2) 가진 것을 나누어 가난한 이를 도움

종교적 자유가 주어지고 상속을 받게 된다면 이 둘은 무엇보다 먼저, 상속받은 재산으로 가난한 이들을 구제하고 나머지도 남동생에게 나눠 주려 했다. 이들은 자신들보다 남에 대한 배려가 앞서 있었고, 바로 이 점에서 그들의 몸에 밴 이웃사랑을 읽어 낼 수 있다.[271] 이처럼 초대 교회 신자들이 가진 모든 것을 아끼지 않고 필요한 이들에게 나누어 주려 한 것은 이들이 예수님의 정신을 그대로 살고자 했다는 것을 의미한다.

무엇보다 유중철의 아버지인 유항검은 호남 일대에서 가장 부유한 사람이었지만 가난한 이웃과 종들에게 기꺼이 베풀면서 이웃 사랑을 몸소 실천했으며 성직자 영입을 위해 지원을 아끼지 않았을 정도로 교회의 필요에 응답했다. 이처럼 몸에 밴 애덕을 실천하여 더 많은 이들에게 하느님의 사랑을 전할 수 있었던 아버지를 보며 자란 유중철은, 비록 부유한 집안에서 성장했지만 어려서부터 이웃 사랑에 익숙해져 있었다고 볼

---

271. 이태영, 〈이순이 루갈다가 친언니와 올케에게 보낸 편지〉, 《동정부부 순교자 이순이 루갈다 옥중편지》, 40쪽 참조.

수 있다.

이순이 역시 집안에서 이웃 사랑에 대한 교육을 받아 왔는데, 이는 동생 이경언의 편지에서 재물을 서로 나누지 않으면 가난한 사람이 어떻게 살겠느냐고 말하는 부분을 통해 충분히 엿볼 수 있다.

또한 큰외삼촌 권철신의 묘지명 내용은 구체적인 이웃 사랑이 가족 안에서 배워 온 교육임을 알게 해 준다.

> 노비奴婢와 전원田園, 또는 비축된 곡식을 서로 함께 사용하여 내 것 네 것의 구별이 조금도 없으니, …… 진귀한 음식이 생기면 비록 그 양이 얼마 되지 않는다 할지라도 반드시 고루 나누어 종들에게까지 돌려주었다. 그러므로 친척과 이웃이 감화되고 향리鄕里가 사모했으며, 먼 곳에 사는 사람들까지 우러러 보니…….[272]

물질을 모든 사람과 나누는 이웃 사랑을 통해 사람들에게

---
272. 정약용, 《국역 다산시문집》 7, 77쪽.

좋은 영향을 끼친 권철신의 실천적인 학풍은 이윤하의 집안에 전해졌고, 이를 통해 이순이도 친정에서 배운 교육을 시집 생활에서 실천할 수 있었다.[273]

이처럼 한 사람의 참된 신앙, 하느님에 대한 사랑의 척도는 가정에서 시작되지만 결국에는 가정의 울타리를 뛰어넘어 세상의 모든 이들을 자기의 형제자매로 여기면서 확산된다. 마찬가지로 사람을 제대로 사랑하기 위해서는 사랑의 원천인 하느님을 사랑해야 하는 것처럼 이들의 이웃 사랑은 바로 하느님에 대한 사랑에서 오기에 그만큼 더 사심 없는 사랑이라 할 수 있다.

게다가 유중철은 갑부 집의 장남이었고 이순이는 맏며느리였기에 박해가 끝나면 경제적으로 보장된 삶을 살 수 있었다. 하지만 그들의 마음이 재물에 있지 않았고, 그들에게는 하느님으로부터 무한한 사랑을 받았다는 커다란 확신이 있었기에 그러한 나눔의 정신이 가능했을 것이다.

---

[273]. 김진소, 《천주교 전주교구사》 I, 182쪽.

3) 《칠극》의 영향

그들이 재물에 마음을 뺏기지 않고 기회가 닿을 때마다 가난한 이들에게 나눠 주려한 복음적 마음가짐은 부모로부터 배운 것이기도 하지만 그들이 자주 읽었던 판토하의 《칠극》에서 영향을 받은 것이기도 하다. 이 책의 탐욕에 관한 부분에는 탐욕의 위험을 경고하는 동시에 베풂의 아름다움을 강조하는 내용으로 가득 차 있다.

《칠극》 제3편인 '탐욕을 풀다' 편에서는 재물을 탐내는 것의 어리석음을 강하게 지적한다. 콜로새 신자들에게 보낸 서간의 3장 5-6절[274]과 마찬가지로 《칠극》에서도 '탐욕을 가진 이들은 재물을 늘릴 기회를 잡고 싶어 하므로 마음이 늘 그것에 빠져 하느님의 참된 마음과 하느님의 덕 그리고 천국을 보잘것없는 재물과 바꾸어 버린다'[275]고 말한다. 굶주림과 곤궁과 가난 그 자체가 죄로 이끌지는 않지만, 배부름과 풍요는 죄로 이끌기

---

274. 그러므로 여러분 안에 있는 현세적인 것들, 곧 불륜, 더러움, 욕정, 나쁜 욕망, 탐욕을 죽이십시오. 탐욕은 우상 숭배입니다. 이것들 때문에 하느님의 진노가 순종하지 않는 자들에게 내립니다.
275. 판토하, 《칠극》, 148쪽 참조.

십상이라는 말이다.[276]

특히 판토하의 부富에 대한 언급은 초남이의 가족들이 부에 대해 지닌 가치관을 그대로 반영한다. 부는 하느님께서 주시는 것이기에 이를 지닌 이들은 재물이 필요한 이를 도와 그 공을 갚아야 한다는 말이다.

> 세상의 부는 모두 하느님이 내린 것이다. 그런데 우리에게는 (그것을) 내려 주었지만 다른 사람들에게는 그것을 내려 주지 않았다면, (우리는) 마음을 닦아 하느님을 받들고 섬겨서 그에게 감사드려야 할 것이며, 잘 베풀고 급한 사정에 빠진 사람을 구제하여 그 은혜를 갚아야 할 것이다.[277]

동정부부를 비롯해 초남이의 가족들은 엄청난 부를 소유했지만, 이를 자신들의 것으로 여기지 않았으며, 그것을 기꺼이 하느님 공경과 빈민 구제에 사용했다는 면에서 《칠극》의 내용과 일맥상통한다.

---

276. 판토하, 앞의 책, 149쪽 참조.
277. 판토하, 앞의 책, 150~151쪽.

세상의 재물은 나의 재물이 아니다. (그것이) 비록 나의 손에 들어왔다고 하더라도, (그것은) 전에 이미 많은 사람을 거쳐서 이제 나에게 이른 것이다. 그러니 (그것을) 빨리 사용하여서 그것으로 하느님을 공경하고, 남을 도와주고, 착한 사람이 된다면 (그것은) 나의 재물이겠지만, 숨겨 두고서 사용하지 않는다면 (그것은) 곧 다른 사람을 따라갈 것이다. 그런데 (그것이) 어찌 나의 재물이겠는가?[278]

판토하가 '자식을 사랑하는 이라면 재물을 남겨 줘서는 안 되고 덕을 남겨 줘야 하며 그래야 물질적인 복도 따른다'[279]고 한 것처럼, 유항검 부부도 재산보다는 덕을 남겨 주려 노력했다. 또한 《칠극》에서 '참된 덕을 지닌 이는 사람을 사랑하기에 가난한 이를 돕기 위해 자신의 재물을 기꺼이 사용한다'[280]고 한 것처럼, 동정부부 역시 그들 집안이 지닌 재물에 마음을 전혀 뺏기지 않았고, 그것으로 가난한 이들을 돕고자 했다.

---

278. 판토하, 앞의 책, 159쪽.
279. 판토하, 앞의 책, 171쪽. 그러니 당신이 자식을 사랑한다면 그에게 덕을 남겨 주어야 합니다. 그러면 재물과 복이 아울러 그를 따를 것입니다. 그러나 만약 그에게 재물을 남겨 준다면 재물과 복이 모두 위태로워질 것입니다.
280. 판토하, 앞의 책, 186쪽. 참된 덕을 가진 이는 무엇보다도 사람을 사랑한다. 그래서 (자신의) 노력으로 남의 근심을 도와줄 수 있다면, (그것을) 사양하지 않고 남을 가난에서 건져내기 위하여 (자신의) 돈을 쓰는 것을 아까워하지 않는다.

이와 같이 복음 말씀(마태 25,41-46)에 바탕을 둔 판토하의 조언들은 《칠극》을 읽고 묵상하는 사람들로 하여금 가난한 이들에게 나눠 주는 것은 바로 예수님께 해 드린 것과 마찬가지라는 것을 삶에서 실천하게 했다.

　　루갈다의 동생 〈이경언 바오로가 쓴 옥중 기록〉을 보자. 전주 본관 사또가 '재물과 아내를 공동으로 소유하느냐'고 물었을 때 '재물을 서로 나누지 않으면 가난한 이들이 어찌 살 수 있겠느냐'[281]고 답변한 내용을 보더라도 베풂의 덕이 이들 안에 뿌리 내려져 있음을 알 수 있다. 마찬가지로 이경언은 편지에서 "다른 모든 사람들에게 대해 공손하고 사랑하는 마음을 가져라."[282] 하고 자식들에게 당부한다. 이 모든 내용들은 이들이 가문이나 재산을 자신의 것이라 여겨 이에 마음을 뺏기거나 애착하지 않고, 이를 주신 하느님께 감사하는 마음과 함께 다른 이들에 대한 깊은 존경과 사랑의 마음을 지녔음을 알게 해 준다.

---

281. 이태영, 〈이경언 바오로가 쓴 옥중 기록〉, 《동정부부 순교자 이순이 루갈다 옥중편지》, 86쪽 참조.
282. 김진소, 〈이경언 바오로가 어머니와 가족에게 보낸 편지〉, 《이순이 루갈다 남매 옥중편지》, 74쪽.

이 밖에도 정약종(1760~1801년)이 지은 최초의 한글 교리서인 《주교요지主敎要旨》에도 이런 내용들이 언급되어 있다. 이 책에서 정약종은 사랑의 질서를 이야기하는데, 먼저 인간의 아버지인 주님을 사랑하고 그 다음으로 어떤 등급이나 구별도 없이 같은 형제로서 동등하게 모든 사람들을 사랑해야 한다고 강조한다. 더 구체적으로는 무시받는 자, 억압받는 자, 추방된 자 등의 서민들을 사랑해야 한다고 가르친다.[283] 이는 주님이 모든 인간들의 아버지시기에 인간은 모두 형제라는 강한 의식에서 출발한다.

이런 면에서 볼 때 유중철이나 이순이 모두 자신이 성장한 가정에서 물질적인 베풂과 이웃 사랑의 정신을 교육받았고, 두 사람이 초남이에서 부부가 되어 살면서도 이를 자연스럽게 실천했다고 볼 수 있다.

---

283. 정약종, 《주교요지》 39, 16쪽.

6. 일상에서 주님을

동정부부와 덕행

1) 덕스러움

지금까지 다뤄 온 동정부부의 영성을 통해 이들이 소극적인 관계 속에서 조용히 살아온 것이 아니라, 깊이 있는 관계와 소통 속에서 역동적으로 살아왔음을 알 수 있다. 이는 무엇보다도 하느님과 사람들로부터 무한히 받은 사랑과 은혜를 되갚고자 하는 그들의 순수한 열망에서 다양한 모습으로 표현되었다. 하느님과의 관계, 동정의 모습을 띤 응답, 그들 부부간의 관계, 가족들과 이웃들과의 관계 등 다양한 상황과 처지에서 이들이 보여 줬던 마음가짐과 언행은 덕의 실천에 있어서 뛰어났음을 보여 준다.

　루갈다의 동생 이경언이 지은 〈이경언 바오로가 쓴 옥중 기록〉에는 이러한 내용이 있다. 그는 함께 옥에 갇힌 교우들의 이야기를 짤막하게 전하면서 "또 어떤 사람들은 항상 공부와 덕행이 있었기에 죽는다 하는데, 나와 같은 사람은 무슨 공이 있어서 죽게 되는가?"[284]라고 언급한다. 여기에 나오는 어떤 사람들처럼 동정부부는 순교하기 이전에 일상에서 덕스러운 삶을 살아왔다. 이때 덕이라는 것은 한순간에 결심해서 획득할 수 있는 것이 아니라 꾸준히 실천해 점진적으로 성장해 가는 것으로, 시나브로 자기의 속성처럼 되어 가는 것을 말한다.

　무엇보다 루갈다의 편지글을 읽어 보면 루갈다가 그야말로 균형 잡힌 덕스러운 여인임을 알 수 있다. 그리고 편지의 내용들은 루갈다가 가진 신앙이 참으로 살과 뼈를 지녔음을 알게 해 준다. 다양한 신앙생활을 할 수 있는 여건에 있는 지금의 우리와 달리, 교육의 기회가 거의 없었음에도 그들이 아는 기

---

284. 이태영, 〈이경언 바오로가 쓴 옥중 기록〉, 《동정부부 순교자 이순이 루갈다 옥중편지》, 95쪽.

본적인 것, 즉 하느님의 사랑과 자비, 구원의 갈망, 형제애 등이 추상적이지 않고 구체적이다. 올케에게 쓴 편지를 보면 루갈다가 하느님의 섭리를 무조건 신뢰했고 하늘을 바라보았지만 동시에 보통 사람들의 풋풋한 감정들을 이해하고 배려할 줄 알았다는 것을 보여 준다. 또한 진정으로 어른을 아끼고 대하는 법을 알았고 남의 속내를 헤아릴 줄 아는 것으로 보아 건강한 정신을 갖고 있었다는 것도 알 수 있다.

감정 이입과 소통 그리고 친밀함을 형성하는 능력은 하느님과의 관계뿐만 아니라 사람들과의 관계에도 그대로 적용되는 예다. 남의 사정을 진심으로 헤아리고 배려할 뿐만 아니라 함께 기뻐하고 아파하는 것은 건강한 심성을 지닌 사람이 소통하는 데 필수적인 요소다. 이것이 지나쳐도 문제고 부족해도 문제인데, 동정부부에게는 이런 면들이 모두 균형 잡혀 있었다. 과연 요한과 루갈다를 가장 잘 나타내 주는 독특한 품성 가운데 하나는 아버지와 어머니에 대한 사랑과 존경, 형제들에 대한 애정, 남아 있는 모든 이들에 대한 우정이었다.

무엇보다도 대신덕對神德이라고 하는 복음 삼덕을 통해 더욱 구체적으로 알 수 있다. 그들이 수도 서원을 한 수도자들은 아니었지만 그런 삶을 꿈꾸었고, 어려움 가운데 그들의 삶을 온전히 봉헌했다는 점에서 그들이야말로 복음 삼덕을 충실하게 살았음을 알 수 있다.

> 큰언니 내외분께서 당하신 일은 감당하기 힘든 일이지만, 선한 일을 하여 공을 세우는 일은 이럴 때일수록 더욱 좋으니, 많이 참고 계실 것이나, 시작도 좋았지만 마침이 더욱 좋아야 하니, 앞으로 더욱 조심하여 예전에 세운 공로를 잃지 마시고, 심한 고통이 따르더라도 마음을 넓게 하십시오. 주님의 명령을 생각하여 주님께서 갚아 주실 것을 믿으시고, 조급한 생각을 버리면, 괴롭고 어려운 일이라도 수고롭지 않을 것입니다. 이처럼 마음을 쓰시면 좋을 듯하니, 다른 덕을 구하는 것도 좋지만, 신망애信望愛 삼덕이 가장 높은 덕이니, 신망애 삼덕을 진실되게 실천하시면 다른 덕은 자연스럽게 따라올 것입니다.[285]

청빈은 '날로 커 가는 사랑(동정부부와 이웃)' 편에서, 정결은

---

[285]. 이태영, 〈이순이 루갈다가 친언니와 올케에게 보낸 편지〉, 《동정부부 순교자 이순이 루갈다 옥중편지》, 53~54쪽.

'정결한 자만이 사랑할 수 있나니(동정부부와 정결)' 편에서 다루었으며, 순명은 '전부이신 하느님께 전부를(동정부부와 하느님)' 그리고 '초남이의 성가정(동정부부와 가정)'에 관한 부분에서 이미 살펴보았다.

2) 십자가

한 사람의 성덕을 가늠하는 확실한 기준 가운데 하나는 역경을 만났을 때 취하는 자세라고 할 수 있으며, 진정한 덕의 소유자는 십자가 앞에서 자신의 참모습을 드러낸다. 그리고 금이 불에 정련되듯이 하느님의 사람들은 온갖 시련에서 정화의 여정을 통해 참모습을 드러내게 된다.

초남이의 동정부부는 수많은 역경을 겪으면서도 절대로 투덜거리거나 신세 한탄하지 않았으며, 마음의 평화를 잃지 않은 채 보통 사람들보다 더 고즈넉한 삶을 살았다. 극적이고 다소 모험적이었기에 정서적으로나 심리적으로 크게 위축되거나 부정적인 측면이 돌출될 수도 있었다. 즉 현세의 삶에 대한 무조건적인 경멸이나 지나친 자부심, 혹은 교만의 위험이 따를 수도 있었고, 균형을 잃은 광신적인 자세도 나타날 수 있었다. 하지만 이들은 극적인 삶을 살면서도 현세 삶의 아름다움을 놓치지 않았으며, 사람들 가운데 한 사람으로 기꺼이 다른 이들과 함께 어우러졌다. 자신들이 특별한 위치에 있다는 어떠한 자의식도 없이 오로지 부르심에 감사드리고 이에 맞갖게 응답하려고 노력했다.

동정부부는 집안이 몰락하는 것을 지켜봐야 했고, 혈육과 친척들의 온갖 고초와 죽음까지 지켜보면서도 아무런 저항조차 할 수 없는 나날을 보내야 했다. 인간적으로만 본다면 조금 억울하고 답답한 삶으로 비춰질 수도 있지만, 자신들의 운명에 대해 어떠한 서운함이나 불평도 없이 예수님만을 바라보고 그분의 뜻만을 찾았으며 부족한 자신들을 그처럼 존귀한 성소로 불러 주시는 하느님께 늘 감사하는 마음을 지녔다.

그렇기 때문에 힘든 동정의 삶을 산다는 것에 대해 결코 교만한 마음을 품지 않았다. 그것이 바로 하느님의 뜻이라는 확신으로 당연하게 받아들였기에, 남에게 내세우거나 우쭐해 하는 면을 도저히 찾아볼 수 없었다. 오히려 유혹에 넘어갈 뻔했

치명자산 유항검과 가족묘 옆 묘비.

다는 것을 숨기지 않고 자연스럽게 알리는 점에서 참으로 겸손함과 진솔함을 알 수 있다.

동정부부의 덕스러움에 익숙해져서 이들이 수많은 유혹들 속에서도 지켜 낸 동정을 당연시하거나 가볍게 봐서는 안 될 것이다. 먼저 이들이 응답하고 선택한 삶은 세상 사람들이 이해하지 못하고 사회가 용인하지 못하는 형태의 삶이었다. 특히 〈이경언 바오로가 쓴 옥중 기록〉을 보면 이들이 감수한 고통의 무게를 느낄 수 있다.

> 저는 본래 화를 당한 집안의 자손이어서 일가친지와 친구가 다 나를 버렸고, 아랫사람들까지도 나에게 다 침을 뱉으니, 모든 사람들과 절교를 한 것 같아서, 누구와 가까이도 멀리도 지낼 사람이 없으니, 어찌 무리를 지을 일이 있겠습니까?[286]

혈기 왕성한 젊은 남녀가 4년 동안 함께 순결한 삶을 살았다는 것은 그들의 정결한 삶이 선물로서 그냥 주어진 것이 아니라 구체적인 일상에서 수덕적인 노력과 투쟁을 함께한 결과임을 알 수 있다. 이를 위해 기도 안에서 더 열절하게 하느님께 의탁하면서 모든 유혹의 순간들을 이겨 낼 수 있었으며, 자신들의 노력보다는 모든 것이 하느님의 은총과 도움 덕분이라고 겸허하게 믿었다. 일상을 이렇게 이어 갔기에 박해와 순교의 고통 속에서도 어떠한 흔들림 없이 자신들을 의연하게 내어 맡길 수 있었던 것이다.

이들이 함께 동정의 삶을 살기로 한 순간부터 죽음에 이르기까지 항상 십자가와 고통이 뒤따랐지만, 하느님의 현존을

---

286. 이태영, 〈이경언 바오로가 쓴 옥중 기록〉, 《동정부부 순교자 이순이 루갈다 옥중편지》, 80쪽.

의식하고 그분의 자비에 자신들을 온전히 내어 맡기면서 하느님의 섭리에 온전히 순명했다. 결국 이들의 삶에서도 십자가와 박해와 고통은 이들이 하느님과 하나되는 과정에서 반드시 겪게 되는 정화의 도구이자 성화의 도구였다.

3) 유중철의 숨겨진 삶

 전주 초남이의 동정부부를 다루면서 유중철의 글이 한 편도 남아 있지 않아 이순이 루갈다 남매들의 옥중 편지들에 기댈 수밖에 없었다. 만약 유중철 요한이 루갈다처럼 글을 남겨줬더라면 우리는 다른 색깔의 엄청난 보물을 발견할 수 있었을 것이다. 물론 루갈다가 요한에 대한 사랑과 우정과 존경을 편지 곳곳에서 드러냈기에 유중철의 성덕과 인간됨에 대해 짐작할 수 있다. 따라서 이순이 루갈다를 알면 알수록 유중철 요한의 모습이 더욱더 명확하게 다가오는 느낌이다.

 무엇보다 동정부부란 혼자서는 도저히 살 수 없는 삶의 형태다. 동정에서 시작해 그 모든 것들은 두 사람의 엄청난 협력

유중철과 유문석의 순교, 탁희성 비오 작, 절두산 순교 성지 소장.

과 공감과 소통이 있어야만 가능한 삶인 것이다. 즉 유중철 요한의 사람됨, 신심, 배려, 덕스러움이 있었기에 동정부부로서의 삶을 살았다고 볼 수 있다. 요한은 단순히 옆에서 루갈다의 삶을 동반하고 도와준 사람이 아니라, 루갈다와 함께 똑같은 이상을 살았고 루갈다와 함께 같은 방식으로 하느님과 사람들을 사랑했던 사람이다. 두 사람이 하나의 정신을 공유하고 함께 살았기에 이순이가 말하는 모든 것들은 어찌 보면 유중철 요한의 것이기도 하다.

결국 같은 정신과 같은 삶을 살았던 거룩한 짝 유중철이 있었기에 동정부부의 영성을 누릴 수 있었다고 볼 수 있다. 마치 성모님의 생애에서 단 몇 차례 등장할 뿐이지만 사실은 그러한 환경을 가능케 해 주었고 같은 신앙을 살았던 요셉 성인의 큰 역할이 있었듯이 말이다.

맺음말

하느님의 사랑에 대한 온전한 응답

동정부부의 삶을 공부하면서 이순이 루갈다의 편지들 사본들이 우여곡절 끝에 지금 우리 손에 있게 된 것은 우연이 아니라 하느님의 섭리임을 알게 되었다. 이들의 이야기는 단지 200여 년 전에만 해당하는 것이 아니라, 그리스도교 가치관의 커다란 도전 앞에 서 있는 현대인들에게 하나의 중요한 메시지이기 때문이다.

사람이 자신의 일부가 아닌 전부를 내어놓기 위해서는 훨씬 더 소중하고 큰 것을 받고 있다는 확신이 있어야 한다. 동정부부의 삶에서 두드러지는 것은 하느님께서 사람들을 위해 돌아가실 만큼 그들을 사랑하셨고, 또 사람들을 위해 당신의 모든 것을 다 주셨다는 강한 믿음에서 출발한다는 점이다. 이런 하느님의 크신 사랑에 대한 감사하는 마음은 어떻게 해서라도 그 사랑에 응답하고자 하는 결심을 하게 만들었고, 이는 바로 동정이라는 통합적인 봉헌의 삶을 선택하도록 해 주었다. 그래서 수많은 어려움과 고통 가운데에서도 마음을 바꾸지 않았고 오히려 더더욱 섭리에 충실하고자 했다.

책을 쓰기 전에는 결코 평범하지 않은 부부로서의 동정의 삶에 많은 관심을 갖고 있었다. 그러나 그들에 대해 알아 갈수록 단순히 서로 동정을 지키고 살았던 사람들이 아니라 하느님 사랑에 빠져 함께 온전히 응답하고자 했던 부부의 모습을 볼 수 있었다. 이런 면에서 이들은 동정과 봉헌의 삶을 살아가는 자들의 귀감일 뿐 아니라 그리스도를 사랑하는 모든 사람들의 귀감인 것이다. 신기하게도 동정인 그들로부터 부부가 어떻게 살아야 하는지 배우게 되었고, 부부였던 그들을 통해 동정의 진정한 가치가 되살아났다. 또한 자녀도 없던 그들로부터 가정의 일원으로서 어떻게 살아야 하고 이웃을 어떻게 대해야 하는지 더 명확하게 알게 되었다.

성모님과 요셉 성인이 그랬던 것처럼, 정말로 거룩한 사람은 자신이 거룩한지 전혀 모른다고 한다. 바로 동정부부가 그러했다. 시간이 지날수록 그들은 자신의 부족함을 실감했으며 큰 사랑에 맘껏 응답하지 못하는 것을 송구스럽게 여겼지만, 사실은 철저하게 예수님을 닮아 갔다.

앞에서 말했던 것처럼 유중철 요한이 전하는 요한의 이야기가 없는 점이 아쉬움으로 남지만, 루갈다를 통해 듣게 되는 요한의 이야기는 그가 어떤 사람인지를 충분히 알게 해 준다. 두 사람은 살아가는 모습뿐만 아니라 마음 역시 서로 닮아 있었기 때문이다.

치명자산 성지에 있는 십자가와 풍화 작용으로 깎여 성모 마리아의 모습을 한 천연 기암.